若い人のための10冊の本

小林康夫 Kobayashi Yasuo

JN178564

★——ちくまプリマー新書

339

本文・カバーイラスト　大塚砂織

目次 ＊ Contents

はじめに――秘密の本

　これは秘密の本です。秘密と言っても本屋で売っている、誰でも手にとることができる本ですから、いかなる秘密もない。しかももっているのを他人《ひと》に知られて恥ずかしいような本でもありません。学校の先生にみつかっても（たぶん）とがめられることはない。むしろ「君はこんなむずかしそうな本を読んでるんだねえ」とあきれかえられるだけ。

　でも、秘密なんです。いや、そもそも本は、秘密のメディアです。それは、ひとりの個人から、直接にはいかなる関係もない、空間的にも時間的にも遠く離れたもうひとりの個人に、そっとおくられるものです。

　むかしよく使われた譬喩《ひゆ》で言えば、難破した人が、誰かに届くことを願って、壜《びん》のなかに手紙をつめて海に流すみたいなこと。あるとき、海辺に打ち上げられた、海藻がからまった小さな壜を拾ってみたら、厳重に封をされたなかに手紙があった。誰がいつ書いたとも知らず、でも読んでみると、そこにはまったく知らない人の思いがつらつらとしたためられていた。同時に、その人が生きている（た！）世界が、忽然《こつぜん》と立ち現われてきた。これこそ、秘密の伝達ではないでしょうか。

壜に詰める手紙を書くときに、送り手はいったんすべてを自分の「こころ」を通して「ことば」へと変換しなければなりません。いまの時代では、たとえばスマートフォンの動画撮影キーにタッチすると、眼前の光景がそのままデータ化され――壜に詰めて海に流す必要はありません！――送信キーを押すだけで、世界中の誰にでも即座に映像を送ることができます。便利ですねえ。「こころ」を通過させなくてもいいし、「ことば」を駆使して記述することもいらない。だから、ここには秘密はない。そう、秘密というのは、なによりも「こころ」の秘密ですから。いや、「こころ」こそ、わたししか知らない秘密そのものですね。その「こころ」を壜に詰めるわけです。「こころ」そしてそれを、誰のところに届くかもわからないまま海の波にそっと託する。想像していただければわかると思いますが、そのときに、送り手は願うように壜を差し出しますよね？　誰かに届いてほしい、誰かこのわたしの秘密の「こころ」を拾いあげてほしい、と。

でも、それだけではない。まだある。というのは、わたしの「こころ」はまたわたしにも秘密でもあるから。わたしはわたしの「こころ」をくまなく知っているわけではない。「こころ」にはわたし自身も知らない部分があって、その部分こそが、ほんとうは密かに、わたしの行動の「鍵」だったりもするわけです。このわたし自身にも隠されたわたしの「こころ」にアクセスするにはどうしたらいいか。答えはひとつ、「ことば」にすることです。

「おしゃべり」と「書くこと」

でも、そう言うと、「いつもしてるよ、そんなの」って返ってくるかな。そうですよね。われわれは、口を開かないときも、いつも「ことば」にしていますよね。ひとりで電車にのっていても、スマートフォンでＬＩＮＥのメッセージを読んでいたり、そうでなくても、「こころ」のなかで、「あいつ、さっきあんなこと言ってたけど、なに言ってやがんだ、マジ腹立つなあ、俺だってほんとはちゃんとできるんだからな」とかグチャグチャつぶやき続けていますね。「こころ」はおしゃべり。一瞬だって沈黙していません。でも、それは、自分が意識していることを「ことば」にしているだけで、秘密の「こころ」にはアクセスできていない。秘密にアクセスするためには、その「おしゃべり」をいったん停止させて、その上で「ことば」にしなければなりません。それが、書くことです。

書くことは、おしゃべりを記録することではありません。自分の頭に浮かんだことをそのまま書きつければいいわけではない。それでは本にならない。本にするには、「ことば」にある形式を与えなくてはなりません。もっと言えば、形式に誘導されるようにして「ことば」が出てくるのでなければならない。思いついたことを書きとめるだけではメモ。それでは本はできない。だから本を書くのはたいへんです。自分をひとつの形式にしばりつけて、ふだん自分の「こころ」が思うままにしゃべっているのとはちがう、整った「ことば」が流れ出るようにしなければならない。つらいけれど、同時に、そうすることで、自分自身にも隠されていた「こころ」の奥の秘密が「ことば」になってほとばしる（ことがある）。わたしの意識を超えた秘密の交流が起こる可能性が出てくる。

——と書いてきましたが、いったいわたしは何をしているのか。

本とは何か？

この本は、本についての本です。とすれば、本とは何なのか、ということをはじめにひとこと言っておきたかった。そうしたら——もちろん世の中にはいろいろなタイプの本があるのだけれど——基本的には、それは、ひとりの個人からもうひとりの個人への伝達、でも秘密の伝達だよなあ、という思いが浮かんだ。そのアイデアを書いてみた。つまり展開してみた、ということになります。

でも、どうしてそんなことを考えたのか。

それはこの本の成り立ちにもかかわる。楽屋裏（これも秘密ですね）をすこしだけ公開すると、ある日、わたしのところに筑摩《ちくま》書房の編集者が訪ねてきた。（ますます秘密ですが）清《せい》楚《そ》なたたずまいの女性編集者です。彼女はわたしに、一〇代の若い人たちに向けて「一〇冊」の本を薦める新書を書いてほしい、と言います。本の依頼としては、かなり特殊です。

ふつうは、書き手のいわゆる専門領域にテーマをしぼって依頼してくるもの。餅は餅屋に、です。ところが、ここでは「一〇冊の本」という以上の条件はない。ポイントは、わたしがいま一〇代の人たちに読むことを薦める本というだけ、ジャンルは問わない、と。

これ、じつは究極の難問です。一見するとかんたんそうでしょう？　学校の図書館でも、（ますます少なくなっていますが）街の本屋でも、何千、何万という本がおさまっています。なにをとりあげてもいいわけですから、一〇冊選べばいい。でも、選んだだけではだめで、それぞれについてわたしは書かなければならない。そして全体がそれなりに一冊の「本」を、しかもわたしの「本」を、構成しなければならない。つまり、それがどんなに小さくとも、ひとつのまとまった世界となるように書かなければならない。

これが、——わたしはたとえば三年前に『絵画の冒険』（東京大学出版会）という本を出していますので——「西欧美術史の一〇冊をお願いします」、ということであったら、ヴァザーリの『ルネサンス画人伝』になるか、ヴァン・ゴッホの『書簡集』になるか、ケネス・クラークの『ザ・ヌード』になるか、はたまたわたしが若いころに訳した『デュシャンは語る』になるかはわからないけど、たちどころにわたしは作業を開始できる。分野が限定されれば、それなりに専門家としてふるまえばいい。ところが、それなりの「権威」という盾を、今回は、かざすわけにはいかない。

なにしろ、この本の宛先は、一〇代の若者である君たち。まだ大学にも入っていない、その意味で、自分の進むべき「道」を選びきっていない、だいたい中学生から高校生の年代の君たち。その君たちに、長年大学教授として生きてきたが、中学でも高校でも教えたことがなく、しかも今年六九歳になった、つまり年齢で半世紀もの開きがあるわたしが、いま、「いっしょに読もうよ」、と一〇冊の本を差し出すことがもとめられているわけです。

はっきり言いましょう、これは無理。むずかしいことは何もない。いかなる制約もないのだから、たかが一〇冊、手当たり次第にノミネートできないこともない。でも、いったいそれが何になるのか。一冊の本としての責任はどうなる？　それではわたしの世界を伝達したことにはならないのではないか。だから、なにを選んでもいい、という無条件こそが困難の大元です。自由は往々にして困難を引き起こす。制約がないと、どうしたらいいかわからない。つまり、これは、わたしにとっては、ある意味では、自由の挑発、自由への挑戦ということになるわけです。

秘密の扉の鍵をさがして

でも、もし挑戦ならば、それを受けないでどうする、とわたしは反応してしまう。やってみよう。わたしから半世紀以上あとにやって来ているいまの若者たちに、ちょうど君たちの年齢の時代からいままで、それなりに多様なジャンルの本を読んできた、本に親しんできたという資格だけから出発して、いったい、いま、どういう本を「いっしょに読もうよ」と言うのか、わたしも考えてみよう。わたしがいま、あの年齢に戻って、世界について、人間について、とりわけ世界と人間との関係について学びなおそうとしたら、ふたたび一六歳に戻ったわたし自身にどんな本を読むことを薦めるのか、想像してみよう。そして、それは、わたし自身にも秘密であるようなわたしの世界をすこし開示してくれるかもしれません。

そう覚悟した瞬間に、わかることがあります。それは、そのためには、最初に一〇冊の本のリストをつくることをしてはならない、ということ。本を決めてから書くのではなく、どんな本をとりあげるのかを決めずに、完全に白紙の状態で書きはじめなければならないということ。

まず書くことが先行しなければならない。大事なことは、この時代、これからの未来を生きようとする若い人に、わたしがいま、どんな「ことば」を届けたいと願うのかを書くこと。そのために、わたしがもう一度、対話したい本を呼び起こしてみる。でも、それを「読むべき一〇冊」の本として上から押しつけるように語るのではなく、それぞれの一冊が君たちに世界の秘密の扉を開けてくれるかもしれない「鍵」となるように、という願いをこめて手渡そうとすること。

さあ、わたしはどんな「鍵」をみつけることができるのか。いまはまだわたしにもわからない。でも、書き出してみたら、きっと思い出せない本が記憶の底から甦《よみがえ》ってくるかもしれません。同時に、わたしの「こころ」の秘密も浮かびあがってきて、それを、わたしが知らない誰かに、そう、君に、届けられるのかもしれません。この場合、秘密とは、願いです。君たちが世界を、人間を学んでほしいという願いです。その願いを、この小さな本を書くことで、君に届けることができるなら……それこそがわたしの喜びです。

第1部
世界と自分

第1章　孤独を学ぶ――ポール・オースター『幽霊たち』

人生で最初の本

で、まず最初の一冊ということになるのですが、なにしろ「わたし」という「秘密」から出発しようというわけですから、わたしがどういう人間かを多少は物語らなければならないでしょう。しかし、わたしの人生をそのまま語っても意味がない。そんなにおもしろくはない（ということにしよう）。ここでは本こそが主題なのだから、むしろ本を通して多少なりともわたしという精神のあり方の輪郭を伝えられないか。

で、わたしの人生最初の本はなんだったのか、と考える。すると、ふしぎですねえ、心に鮮やかによみがえって来た本があって、それが（作者名など覚えているわけがありません）『ねずみとおうさま』という小さな童話の本。グレーの色調の地の上に、宝石をつけたきれいなマント（?）を着たかわいらしいねずみの王様が立っている表紙が思い出されます。同時に、子どもが生え変わりで抜けた歯をどこかに隠すのだったか（たしか歯に赤い糸がついていたのではなかったかしら?）、そんな絵柄も思い浮かぶのですが、それがこの『ねずみとおうさま』のなかの一場面なのかどうかも、定かではありません。別の本かもしれません。なにしろストーリーはまったく思い出せないのですから。それはどうでもいいのです。大事なのは、『ねずみとおうさま』がわたしに一冊の「本」として、その大きさ、重さ、色、紙の触感としてよみがえってくるということ。そして、その「物」としての本が、わたしには、別の世界への「扉」だったのだなあ、と思うということ。もちろん、その世界とは、「ねずみの世界」ではありませんよ。どんな子どもだって、物語が実際のねずみの生態の話ではないことはわかっています。「ねずみ」は仮の姿で、それはわたしの知らない人間の世界なのです。いまになって思うのですが、その本は、わたしにとっては、どこか西欧的な世界、もうひとつの世界への憧れをかきたてるものだったのかもしれません。

『ねずみとおうさま』岩波書店、1953年

それなら、君にとっての「人生最初の本」はなにだったでしょう？　そう問われて、さっと思い浮かぶ本がありますか？　表紙や装幀《そうてい》が思い出せますか？　ついでに、読んだときの自分自身の気持ちなども？　書いてあったことばは忘れてしまっても、

その本の物質的なイメージが残っていますよね？　自分の手が触って、ページを繰っていた本。そのように存在していた一冊の本。

これがとても大事なのだ、とわたしは思います。

君自身の「本」へ

ことばはそれ自体としては重さもなく、読むそばから消えてしまう。たとえば、この「消えてしまう」ということばの意味がわかった瞬間に、もう用済みで、立ち戻らなくてもいい。受けとめられた意味は、君の脳のなかに溶け込むように浸みとおり、そこにひとつの世界を立ち現わせ、そして消えていく。つまり、一冊の本のことばをそのまま暗記して覚えておかなくてもいい。そうやって、われわれは日々膨大なことばを脳のなかに、自分のなかにとりこんでいく。そして、日々食事をして栄養を摂取すると、その栄養分が身体の細胞の成分となるように、いつのまにかとりこんだ意味がわれわれの精神や心を、つまりわれわれ自身をつくりあげていくわけです。だから、読んだ本のことばをそのまま覚えておく必要があるわけではない。

にもかかわらず、本は残りつづける。その形、色、重さ、手触り……そういった物質的な

Les
dix
Livres

イメージが記憶に残って、それが、あのとき、君が君の知らなかったひとつの世界をとりこんだことの記念となる。それは、まさに「君が読んだ」ことを刻みこんでもいるわけで、誇張して、君が読んだ本は、いくぶんかは、君自身の「本」となると言ってもいいかもしれない。君の記憶にその本が「本」として残っていることがその証拠。だからこそ、それをどうしても自分のそばに置いておきたいという気になったりもする。読んでしまったら終わりではなく、いつまた読むとも知れないのだけど、身のまわりに保存しておきたいという欲望が芽生えてくるのです。だから、本は、それを読む人とのあいだに、その人だけの特別な関係、愛着のような関係を生み出すものなのです。

　君自身がそのような本と出会ってほしい、そのように本を愛してほしい――いま、こうしてわたしが書きはじめたこの本！は、この願いを君に伝えるための本です。だからほんとうのことを言うと、――爆弾発言ですが――わたしがこれから挙げる一〇冊の本を君が読まなくたっていいんです。君が、人生のこの時期に、君自身の「一〇冊」をもつことができるなら、どんな本だっていい。それと出会い、それを読んだことが、君の人生にとって、ふしぎな意味をもたらしてくれたと後々思えるような本を君がみつけてくれればいいのです。そのような出会いが起こるようにと願いをこめて、わたし自身の本の体験を少し語り、そうしつつ君と本との出会いを手助けしようというわけです。

文学全集の時代

だって、絶対的に読まなければならない本なんて、もうない、と言わなければなりません。じつは、それこそが、君のこの時代と、わたしの時代、つまりわたしが君くらいの歳だったころとの大きな違いです。

そのころは、年代で言えば一九六〇年代ということになるのですが、わが国が敗戦のあと、空襲による焼け野原から再出発をしようとしていた時代、いまから思うと、国中に文化に対する飢えのようなものがありました。それが端的に本に対する渇望として現われていた。そのいちばんはっきりした例は文学全集ではなかったか。わたしが育った家はけっして裕福な家ではなく、親は本を読むような人たちではなかったにもかかわらず、中学生のころから、刊行されはじめた「世界文学全集」を毎月買ってもらっていました。

深緑色のカヴァーの世界文学全集（河出書房）全一〇〇冊。全巻もっていた。たしかトルストイの『戦争と平和』だけは三巻本だったはずだが、退屈して途中で投げ出したことを覚えている（いまだにわたしにとっては、「読書の挫折」のトラウマ！）のですが、ドストエフスキー『罪と罰』、『カラマーゾフの兄弟』は夢中で読み通した。スタンダール『赤と黒』も。スタインベック、ヘンリー・ミラー、ゲーテ、カフカ、手当たりしだい読みました。

それに続いて、つぎは、白い箱に青い本が収まっている日本文学全集「日本の文学」（中央公論社）、これも全一〇〇巻だったか、全部買ってもらった。こちらも谷崎潤一郎『細雪《ささめゆき》』をはじめとして、夏目漱石《そうせき》、芥川龍之介《あくたがわりゅうのすけ》、志賀直哉《なおや》、全部をちゃんと読み通したかどうかは別にして、なんでもかじって読んでみた。毎月の配本のたびに読みふけっていたはずです。

最後は、同じ出版社（中央公論社）から出版された、えんじ色が基調だった全集。今度は、文学ではなく、思想系の「世界の名著」シリーズ。最初の配本の巻がニーチェだったはずで、『悲劇の誕生』、『ツァラトゥストラ』を深い感動とともに読んだ記憶があるけれど、これも全体は一〇〇巻の仕立て。たぶん一〇巻くらいまでは買ったものの、そこで挫折というか、途絶えました。やはり文学と思想では「読む」ために必要なエネルギーが違っていて、小説を読むようにかんたんには本のなかに入っていけません。それに、この時期、すでにわたしは大学に入っていて、外からのガイドラインなしに、自分の「自由」！の名において読書を実践するようになっていました。

こう書きながら、わたしは、つい最近まで実家の押し入れに山積みされていた三つの本の山を思い出していました。

- 一〇〇巻の緑の本（世界文学）
- 一〇〇巻の青の本（日本文学）
- 一〇巻のえんじ色の本（世界の思想）

もちろん、これ以外にもたくさんの本を読んでいるのですが、しかし中高生のいわゆる思春期に、これらの本を貪欲に読んでいた自分のことを思うと、あらためて、全集版によるこうした読書こそが、わたしがまったく意識していないところで、わたしの精神の基盤を形成したのかもしれない、と少々感傷的な気持ちにもなってきます。

と、同時に思います——そう、やはり文学だよなあ、と。

それから、やはり一〇〇というオーダーが必要だよなあ、とも。

すなわち、想像力をフルに起動することで、まったく知らない世界へと自分を差し向ける文学の読書こそ、まず最初に来るべきものだ、と。

つぎに、それがやはり一〇〇のオーダーに届くくらいになってはじめて、しっかりとした基礎をつくるなあ、と。

あとでまた触れることがあるかもしれませんが、世界は指数関数的にできている。わかりやすく言えば、一、十、百、千、万、というような十の倍数の単位でモノを考えなければ、ほんとうに意味のある変化成長は起こらない。「三日坊主」という表現があるけれど、これは、一日、二日、三日という単位でやっている限りはなにもモノにならない、という意味だとわたしは思います。勉強にしても、スポーツにしても、ともかく「十」という次元に行ってようやく「はじめの一歩」。「百」でなんとか「基礎」がすこし。「千」まで行けばなにかがなしとげられる。だから、かの有名な比叡山《ひえいざん》の修行でも千日回峰行と「千」が強調されるわけです。十進法はそれ自体、時間のなかで成長していくべき存在である人間にとって意味があるのです。

ついでに言えば、われわれ人間の一生は、長生きして九〇歳まで生きるとしても三万二〇〇〇日あまりです。そのなかで中学校、高校の六年間ということになれば、わずか二一九〇日。だから二日に一冊読むなら約一〇〇〇冊。これは、なかなかむずかしいでしょう。で、一週間に一冊で約三〇〇冊。逆に言えば、一〇〇冊なら、三週間に一冊読まないと中高六年では読破できないことになります。でも、そのくらいは可能ではないかしら。そして、もし君が六年間で一〇〇冊読んだとしたら、その読書体験は、確実に、君の精神の確固とした基礎、土台となるでしょう。そのことを、わたしは断言しておきます。

権威なき時代の読書

でも、ならば、わたしは君のために一〇〇冊をリスト・アップするか、というと、そうはいかない。一〇〇という数は、ある分野の基礎を提示するには最適なのですが、ここでは、分野は特定されていません。それに、──これがさきほど「君のこの時代と、わたしの時代、つまりわたしが君くらいの歳だったころとの大きな違い」と書いたことの意味ですが──二一世紀に入ったいまは、一〇〇冊の「古典」を掲げて、若い人たちに「読め！」という時代ではもはやない。そのような「教養」のスタンダード、あるいは権威（オーソリティ）が崩れてしまっている。つまり、情報社会だということです。わたしが少年だったころは、インターネットはなかった。SNSもなかった。ようやく地上波テレビが普及しはじめた時代です。そのような社会では、情報のノード（中継点）は、文化的な権威が担います。権威が、世界文学の読むべき古典一〇〇冊はこれだ、と提示するわけです。

ところが、情報テクノロジーがここまで進化した現代においては、原則的には、そのような文化的権威を経由することなく、誰でもどのような「情報」にも接続できる。しかも日々、膨大な量の「情報」が流れこんでくるので、それを「処理」しているだけでほとんど溺れそう。「いま」を生きるための情報操作に時間をとられてしまって、すぐに役に立つとも思われない「古典」を読んでいるヒマがない。それに、情報という観点、あるいはその情報がもたらす快楽という観点からしたら、ドストエフスキー『罪と罰』やスタンダール『赤と黒』と、現代のライトノベルに根本的な違いはないように思われたりもする。

だが、同時に、――ここが重要なのですが――もし違いがあるとしたら、いちばん大きいのは、プロセス展開の時間感覚かもしれないので、つまり『赤と黒』はまだ映画もテレビもなかった時代の「時間」の流れかたであるのに対して、ライトノベルの「時間」は、めまぐるしく場面転換が起こる映画／テレビ的「時間」をベースに構成されているかもしれない。そうであれば、わたし自身にもまだはっきりとわかっているわけではないのですが、「時間」とか「空間」とかの身体感覚、そうした人間の存在の基本的次元において、人類史的規模で、大きな質的な転換がすでにはじまってしまっているとも感じられるのです。つまり、君とわたしとのあいだには、大きな時代の断絶、ある種の歴史の断層が走っているのかもしれない。もしそうなら、終わろうとする時代に属する老人が、はじまろうとする時代の若者にいったいなにを伝達すればいいのか。「はじめに」で「究極の難問」と書いた理由の一端がここにあるのです。

どうしたらいいのだろう？　たったいま、「そう、やはり文学だよなあ」と書いたのだから、まずは文学にしぼってみましょう。すると、かつてわたしが（全部ではないにしても）読んだ世界文学一〇〇巻、日本文学一〇〇巻、この計二〇〇巻のなかから一冊選ぶのでしょうか？　すなわち、やはりドストエフスキー『罪と罰』だよね、あるいは夏目漱石「こころ」だよね、とか、わたしは言うのでしょうか。

いや、逆に、この二〇〇巻の「古典」シリーズのなかには入っていなかった新しい時代の文学作品を選ぶべきでしょうか。たとえば、最近（二〇一七年）、ノーベル文学賞をとったカズオ・イシグロとか、同じく二〇〇八年の受賞者である（わたしは作家本人にもお会いしたことがありましたが）ル・クレジオとか、あるいは世界的に読まれている日本人の村上春樹とかの作品を挙げるべきなのでしょうか。

そうではなくて、あくまでわたしから君への伝達なのだから、小説としては、わが人生でもっとも夢中になって読んだロレンス・ダレルの「アレクサンドリア四重奏」四部作はどうでしょう？　第一作を本屋で何気なく手にとって読みはじめ、続きを読みたくて翌日、第二作を買い求め徹夜で読んで、次は第三作、第四作と東京中の本屋を探しまわりながら、結局一週間かからずに四冊全部を読んだときの狂乱的興奮をいまでもなつかしく思い出します。以後、あれほど熱狂的に小説を読んだことはなかった。しかも、原文の感覚を味わいたくて一冊本の英語の原書を買ったりしたし、さらには、その後、パリに留学したときには、フランス語の一冊本を買って、ときどき読み返していました。「アレクサンドリア四重奏」は、その意味では、人生のある時期に、わたしに随伴してくれた小説なのです。それは、一言で言えば、わたしにとっては、「地中海の光」とでも呼ぶことができるような、わたしの知らない、しかしとてもなつかしい一世界の感覚を喚起してくれる作品だったのですが、それでも、いま、君に、この本を薦めるか、と自問すると、躊躇《ちゅうちょ》してしまいます。

どうしてでしょうね。もちろん、長編四部作ですから、読むのに膨大なエネルギーを投下しなければならないということはある。だが、それだけではなく、背景が第二次世界大戦前後のエジプト、アレクサンドリアということもあって、その時間空間的な距《へだ》たりの感覚が、半世紀前のわたしにはぴったりだったけれど、いまの君にどうだろう、という疑念が芽生えてくるのです。そして、わたしにとって、「アレクサンドリア四重奏」がそうであったような、とても遠いのだが、しかしどこか自分とつながっていないわけではない一世界が、ふしぎな光、響きとともに立ち現われてくる、そんな魔術《マジック》をかけてくれるような、しかも敷居がそれほど高くなく入っていける文学作品にどのようなものがあるだろう、とわたしは考えこむのです。

するとう、記憶の泥沼のなかから立ち上がってくることばがあって、それは次のようなものでした。

まずはじめにブルーがいる。次にホワイトがいて、それからブラックがいて、そもそものはじまりの前にはブラウンがいる。ブラウンがブルーに仕事を教え、こつを伝授し、ブラウンが年老いたとき、ブルーがあとを継いだのだ。物語はそのようにしてはじまる。舞台はニューヨーク、時代は現代、この二点は最後まで変わらない。ブルーは毎日事務所へ行き、デスクの前に坐《すわ》って、何かが起きるのを待つ。長いあいだ何も起こらない。やがてホワイトという名の男がドアを開けて入ってくる。物語はそのようにしてはじまる。

仕事はきわめて簡単に思える。ホワイトはブルーにこう依頼する。ブラックという名の男を見張り、必要がなくなるまでつづけてくれ、と。尾行ならブラウンの下でもさんざんやっている。この一件も何ら変わったところはなさそうだ。むしろ大方の尾行より楽そうなくらいである。

すぐに出典を挙げましょう。アメリカ合衆国の作家・ポール・オースターの小説『幽霊たち』（柴田《しばた》元幸訳、新潮社、一九八九年）の冒頭。原書の刊行年は一九八六年。著者のオースターは一九四七年生まれですから、ほぼわたしとは同世代。ここでのわたしの心の動きを、後づけ的に、あえて解き明かすなら、わたしと同世代の外国（遠い国！）の作家、しかし空間を超えて共有しえた「時代の空気」感が立ちのぼる作品。誰にでも開かれているのにふしぎな導入の魅力をたたえた小説。しかもあまり長くないもの――このような条件をわたしの脳＝精神に入力したら、即刻、出力されたのが、この引用部だったのです。

で、書棚から本を探し出してみる。本が多いので二重、三重に並んだ書棚の奥にようやく見つけて、二〇年以上ぶりになるか、さっと読み直してみる。本文一八一ページ（文庫版では一二二ページ）だから、それほど時間はかからない。でも、また躊躇の気持ちが湧き上がってくる。この奇妙な、しかし文字通りの「探偵小説」を、君に薦める一〇冊のうちの一冊にあげていいものだろうか。これを薦めることで、わたしは君に、いったいなにを示唆しようというのか、と。

ニューヨーク――二〇世紀の首都

すると、このもやっとした躊躇のなかに、もうひとつの記憶のイメージが、閃光《せんこう》のように降りてきて、わたしの心に突き刺さる。とともに、この選択でいいのでは、と思えてくる。

そのイメージはなにか。じつは、二〇〇一年九月一一日、ニューヨークのビル、ワールド・トレード・センターのツイン・タワー北棟に、飛行機が激突して崩壊するイメージ。いわゆる「9・11（September Eleven）」、「同時多発テロ事件」と呼ばれる出来事です。もちろん、ニューヨークという場所をのぞけば、オースターの小説とはなんの関係もありません。

そうなのですが、わたしがいま書いているこの文章の宛先である君のことをわたしなりに想像してみると、君が二一世紀に生まれた人であることは動かない。つまり、この文章は、「二〇世紀の人」であるわたしが、世紀の壁を超えて、「二一世紀の人」である君に本という「秘密」を伝えようとしていることになる。ならば、わたしにとって、二一世紀という時代の幕開けがどんなイメージによってマークされているか、と自分にたずねてみたら、一一〇階建ての摩天楼が噴煙をあげて崩れ落ちていくイメージになったというわけです。それを、わたしは、日本時間では深夜だった、同時中継のテレビ画面で見ていた。もちろん、七〇年近いわたしの人生を通して、わたしの心には、一九九五年の阪神・淡路大震災や地下鉄サリン事件、あるいは二〇一一年の東日本大震災など、いくつものカタストロフィーの光景が焼きつけられています。でも、そのとき——といっても、実際に、茫然《ぼうぜん》と驚愕《きょうがく》しつつテレビ画面を見ていたその瞬間という意味ではなく、後から振り返って思う「そのとき」ですが——わたしは、二〇世紀——といっても、これもまた、わたしの知っている「二〇世紀」、つまり一九五〇年以降の「二〇世紀」です——が崩れていく、壊れていくという強い印象をもちました。君とわたしを隔てる「世紀の壁」を、わたしの側から見ると、その壁のスクリーンには、崩れ落ちていくニューヨークのワールド・トレード・センターの超高層ビルが映っているのです。

つまり、ニューヨークという都市は、ここではひとつのシンボル（象徴）となっているわけです。

かつて「パリ——一九世紀の首都」という言い方をした人（ヴァルター・ベンヤミン）がいたのですが、その比喩を延長すれば、「ニューヨーク——二〇世紀の首都」となるのはまちがいない。で、はたして二一世紀は、どうなるか。それは、君たちにかかっています。あるいは、「首都」などという「中心」概念そのものが意味を失って、たくさんの中継的ハブがネットワークを構成するような時代になるのかもしれませんが、そのことを、いまは、わたしは論じるつもりはありません。とりあえずのこととして、以上述べてきたような思いとともに、一〇冊のリストの最初に、ニューヨークという都市を舞台とするポール・オースターの『幽霊たち』を挙げることをようやく決意する、というわけです。

で、さきほど引用したその冒頭部に戻ってくることができるわけですが、とてもおかしな文章だということはすぐに気がつくでしょう。人物の名前が列挙されていますが、ブルー、ホワイト、ブラック、そしてブラウンですから、青・白・黒・茶。これらはリアルな名前ではなく、ある種の符号のようなものであることは一目瞭然です。

「舞台はニューヨーク」と書いてあって、そのとおりなのですが、この冒頭から五ページ先には、ブルーがブラックを見張るために、「ホワイトが借りてくれたアパート」に行こうとするとき、その場所について、なんと「場所は重要ではない。だがとりあえず、ブルックリン・ハイツということにしておこう。ブルックリン橋からさして遠くない一角の、静かで、人通りもわずかな通り。たとえばオレンジ・ストリート」と書いてある。しかもそれは、「一八五五年、ウォルト・ホイットマンはここで自ら「草の葉」初版の活字を組んだ。ヘンリー・ウォード・ビーチャーが赤煉瓦《れんが》の教会の説教壇から奴隷制を糾弾したのもここである。郷土史、終わり」という文章に続いているのです。

ウォルト・ホイットマンがどういう人か知っていますか？　一九世紀アメリカ合衆国の国民的詩人とでも言うべき人ですが、かれは、実際、ブルックリンにすみ、ニューヨークで植字工としても働いていた。Wikipediaでも参照すれば、ここで書かれていることが事実らしいとすぐわかります。でも、『幽霊たち』のストーリーという観点では、この記述は、ブルックリンのオレンジ・ストリートについての余分な説明でしかなく、もちろん読みとばしても筋道がわからなくなるということはない。

だが、事態は逆ですよね？　わたしがなにを言いたいか、わかりますか？　ここで、著者のオースターは、オレンジ・ストリートの説明や描写をしているのではなく、「場所は重要ではない」という論理のもとで、「とりあえず」！　ブルックリンのオレンジ・ストリートを選択するという自分の根拠を明かしているわけです。ふつうの作家（というのが存在するのか自信がありませんが）なら、黙ってオレンジ・ストリートに設定したうえでその通りがどうであるか、「静かで、人通りもわずかな通り」以上の描写をするのではないでしょうか。そうではなくて、オースターは、手の内を明かすように、つまり自分がどのようにこの小説を書いているのかを書いているわけです（と書きながら、でも、わたしがいまやっていることもそれに近いな、と思いましたね、ただ「この本を読みなさい」と言うのではなく、一冊の本をどのように「選ぶ」か、手の内を明かすように書いているわけですから）。

ついでですが、ここで「オレンジ」だって「色」だからひょっとして現実にはブルックリンに存在しない通りかもしれないぞ、と考えて、いまではGoogle Mapという便利なものもあるし、調べてみると、その名を冠した通りはほんとうにある、とわかる。

現在のオレンジ・ストリート

こう書いたところに、ちょうど新年の挨拶メールが届いたのですが、そのなかにブルックリン在住のむかしの教え子のメールがありました。で、さっそく、オレンジ・ストリートはいま、どんな雰囲気なのかしら、と聞いてみたら、いまは便利ですね、翌日には何枚かの写真が送られてきました。どうやら、オレンジ・ストリートは二ブロックしかない短い通りで、一〇〇年以上前からの落ち着いた住宅街。煉瓦つくりの建物も多い、と。そのメールで知ったことは、「オレンジ通りの並びにはパイナップル・ストリート、クランベリー・ストリートもあります。フルーツシリーズなんです」ということで、これが、「ブルー、ブラック、ホワイト、ブラウン」の名前のつけかたにも影響しているのかしら、などと考えてしまいます。

こうなると、「ブルー、ホワイト、ブラック、そしてブラウン」という人物の名が、いかにも現実にありそうな人名でないのも、結局、「名前は重要ではない」という同じ論理に従うものであることがわかります。つまり、オースターは、現実らしい虚構をリアルに描写することよりは、むしろ「物語を書く」ということ自体を問題にする作品を書こうとしていることになる。

実際、ブルーは、このオレンジ・ストリートのアパートから、向かい側の建物のアパートに住むブラックの挙動を一日中、双眼鏡で見張る仕事につくのですが、ブラックが自分のアパートでしていることとは、一日中ノートに「書く」ことなのです。そして、もうひとつは、「読む」こと。読むのは、ヘンリー・デイヴィッド・ソローの『ウォールデン』、それだけ。ブラックは読み、書く。ほかには、ほとんどなにもしない。

ヘンリー・デイヴィッド・ソローがどういう人が知っていますか？　かれも一九世紀のアメリカの思想家。マサチューセッツのウォールデン池のほとりに丸太小屋を建てて二年あまり自給自足の生活をして、そこでの思索を『ウォールデン　森の生活』という本にまとめて書いている。社会から孤絶したところで、ただ「書く」ことに専念した人ということになるでしょうか。

すなわち、『幽霊たち』という作品は、少なくとも二つの次元があって、ひとつはニューヨークのブルックリンを舞台にした「探偵小説」、しかしそれと絡み合うように、本を書き、本を読むとはどういうことか、みたいな問いが展開されているわけです。そして、後者にかんして、オースターは、副次的にはホイットマンの『草の葉』もそうかもしれませんが、主要な参照対象として、ソローの『ウォールデン』を引っ張ってきていることになります。

無限後退のループへ

文学作品からその潜在的な構造のようなものをとりだしてくるのは、長年、批評的な仕事をしてきたわたしの悪い癖みたいなものなのですが、ここでもそれをつかって、ちょっと図式化、いや、茶化してみると、ブラックは、森のなかではなく、ニューヨークという都会のまっただなかで、しかしソローのように、孤独に、本を書いている、すなわち中身は知らず、あるいは「重要ではない」のですが――作品にはそんなことはすこしも書かれていないのですが――『ブルックリン　都市の生活』を書いている。そして、それを、つまりブラックのその孤独を、ブルーが通りの向かい側から見張っている、とオースターが書くのです（と、わたしが書く）。

やれやれ、村上春樹の小説の主人公たちではありませんが、わたしたちもそう呟《つぶや》きたくなりませんか。君が知っているかどうかはわかりませんが、まるでエッシャーという画家が描いた「自分の手を描く自分の手を描く自分の手……」みたいな話になってきます。悪ふざけの遊びのように思います？　もちろん、そうなのですが、じつは、この「遊び」のように見える無限後退のループこそ、二〇世紀の「知」が見出した人間の「知」の極限的なあり方ということになる。これについては、ダグラス・ホフスタッターという人が一九七九年に『ゲーデル、エッシャー、バッハ』というすてきな本を書いています。ひょっとしたら、わたしは、この本を「一〇冊」のなかにとりあげたくなって戻ってくるかもしれませんが、いまは、深入りしないでおきましょう。でも、ある意味では、オースターの『幽霊たち』は、ホフスタッターのGEB（『ゲーデル、エッシャー、バッハ』の略称）に対するひとつの応答として読むことだってできるかもしれないのです。

ちょっと整理してみましょうか。

1　一八五四年　ソロー『ウォールデン　森の生活』
2　一九四七年　ブラック『(ブルックリン　都市の生活)？？』
(オースターの小説では、ブルーが見張りについたのは、一九四七年二月三日と明記されています。一九四七年はポール・オースターが生まれた年。二月三日はかれの誕生日ですね)
3　(一九七九年　ホフスタッター『ゲーデル、エッシャー、バッハ』)
4　一九八六年　オースター『幽霊たち』
5　一九八九年『幽霊たち』の日本語翻訳刊行

本の下には別の本がある、と言ってみましょうか。一冊の本はそれだけでひとつの世界を構築しているのですが、しかしどんな本もその下にたくさん別の本を下敷きにしているのだ、と。

でも、だからと言って、『幽霊たち』を読むのに、『ウォールデン』を読んでいなければならないということはない。ですが、最低限どうしてもわかっておかなければならないのは、

『幽霊たち』が、本についての物語であること。つまり詩集であれ、随想集であれ、自分の全人生を賭けて一冊の本を書くとはどういうことなのか、についての物語だ、ということ。

孤独の学び

もちろん、この問いへの答えがどうなっているかは、『幽霊たち』を、実際に読んでいただくしかないのですが、それでもインデックスをひとつだけあげるなら、それは、孤独です。孤独。そう、それが、じつは、すこし前の文章で、わたしが「(……)薦めることで、わたしは君に、いったいなにを示唆しようというのか」と自問していたことへの答えです。わたしは、君に、本というものがはらんでいる本質的な孤独、そしてそれに裏打ちされたコミュニケーション、伝達の希望を示唆したい。手紙を詰めた壜を海に投げ込むときのあの孤独な願いをわかってほしいのです。

孤独、これが鍵。なぜなら、現実的に君が何歳なのかはわたしは知らないのだけど、人生で君がいるこの時期こそ、まさに孤独を学ぶ時期であるからです。「孤独を学ぶ」、なかなかすごい表現で、書いたわたし自身もすこしびっくり。でも、そう思いますね。およそ一〇代のころ、誰もが孤独を学ぶ。学校で知識として学ぶのではありませんよ。誰かに教えてもらうのでもありません。赤ちゃんのときからずっと続いてきた心身の成長のプロセスの最後に、まるで仕上げであるかのように、孤独であることを学ぶ。

　なに言ってるんだい、ぼくには家族もいるし、友だちもたくさんいるし、ぜんぜん孤独なんかじゃない、ぜんぜんさみしくなんかない――そう、言い返したいですか？　そうでしょう、そうでしょう、とわたしは言います。でも、考えは撤回しません。君がむきになって言えば言うほど、わたしは、ほら、君は自分がどれほど孤独かということをわかっているじゃないか、だからこそ、それを見ないように見ないようにしているだけさ、と。ごめんなさい、嫌なジジイですよね。

　でも、ほんとうにそう考えています。人は本質的に、根源的に、孤独である、と。でも、それはただ個体として生きているから、というだけではありません。もしそうだったら、動物も虫も魚も孤独ということになるかもしれませんが、わたしは動物の気持ちがわかるわけではないけれど、「孤独」ということばはあてはまらないように思います。一個の個体として生きているという意味では、三歳の子どもも同じですが、しかしいまの君とはなにかが決定的に違います。三歳の子どもに「孤独」はふさわしくない。

　おそらく、（と仮説ですが）、孤独はどこかで言語と深く結びついています。人間が言語をもち、言語を通して世界に意味を与え、世界を解釈し、世界をつくりあげる。そのことと、人が孤独であることは、切り離せない。そして、だからこそ、この本質的な孤独に対して、本が決定的に重要となる。本こそ、孤独から孤独への伝達、そのギフト（贈与）なのです。

いや、あまり急ぎすぎないほうがいいでしょう。わたしとしては、この段階では、孤独と本のあいだの深い結びつきを予感できたことで、ようやく、これからわたしが書いていかなければならない、この本の軸がみつかったように思うということ。いまはこれだけで十分。つまり、わたしは、わたしのこれまでの読書経験のなかから、この時代、君の「孤独の学び」を助け、開いてくれるような希望の本を一〇冊探し出してみる――それが、ここでのミッションとなる。

でも、こうなってみると、なかなかおもしろい一事実が浮上してきます。ポール・オースターの処女作は――別のペンネームで処女作が一九七六年に出ているらしいのですが、それはカウントしないとすると――、一九八二年に出た本ですが、それはなんと『孤独の発明』というタイトルなのです。わたしはこれをかつて英語版で読みましたが、オースターが自分の人生を語った自伝的作品でした。やはり「孤独」こそ、この時期のオースターのキーワードのひとつだった証拠と言いましょうか。

すなわち、先ほどの時間系列の3と4のあいだに、

3'　一九八二年　オースター『孤独の発明』

と入れたほうがいいかもしれませんね。

ついでに言えば、そのあとに、一九八五年から八六年にかけてニューヨーク三部作と呼ばれる三作品が刊行されるのですが、その第二作目が『幽霊たち』Ghostsです。ちなみに、第一作目は『ガラスの街』City of Glassで、これも「探偵小説」ですが、そこにはポール・オースターという人物も登場しています。第三作目は、『鍵のかかった部屋』The Locked Room。ガラス、幽霊、そして最後が密室ですから、ここでも「孤独」が滲《にじ》んでくるようであることはたしかでしょう。

でも、わたしはいま君にポール・オースターという作家を紹介しようと思っているわけではありません。たまたま思い出したこの本に引きずられるようにして、わたしは「孤独」というインデックスをみつけました。それは、森のなかの独居ではなく、都市、しかもニューヨークのような大都市のなかの「孤独」でした。これを、ひとつの「鍵」として、わたしは

君に渡したいだけ。最初の数ページから浮かびあがる作品の下敷きとなる構造のようなものにはすこし触れましたが、当然ながら、ストーリーの展開を先取りはしていません。ブルーによるブラックの見張りが、いったいどういう結末に至るのか、それを発見するのは、君自身の読書です。

というわけで、この章はここで終わりでいいはずなのですが、先ほど1から5まで掲げた時系列のあとに、もうひとつ付け足したくなってくる。というのは、「パリに着いたときには帽子をかぶっていなかった。ブルックリンの部屋を出るときには、たしかに帽子をかぶっていた。途中でなくなったと考えるのが正しいだろう」とはじまる別のテクストがあるからです。これは、『幽霊たち』のほとんど最後の部分にある次のような一節を「受けて」いる文章です。

だが物語はまだ終わっていない。まだ最後の瞬間が残っているのだ。それが訪れるのはブルーが部屋を去るときである。世界とはそういうものだ。一瞬たりとも多すぎず、一瞬たりとも少なすぎない。ブルーが椅子から立ち上がり、帽子をかぶり、ドアから外に出ていく――そのときこそが終わりなのだ。

そしてこのあと、『幽霊たち』では、「そう、彼は中国へ行った、そういうことにしておこう」と書かれている。が、それを、パリに行ったことにしてしまえ、というのが、「パリに着いたときには……」ではじまるこの別のテクスト。で、これを書いたのは誰か？　というと、じつはわたしです。一九九六年のことでした（このテクストは、拙著『思考の天球』におさめられています）。

ですから、先ほどの時系列にもう一項付け足すなら、

6　一九九六年　小林康夫「幽霊のその後」

となるわけです

つまり、わたしは、ポール・オースターの「手口」を真似て、「いや、世界とはこういうものだ。一瞬多すぎるか、一瞬少なすぎるかだ」と言って、『幽霊たち』の終わりに、別の「終わり」を接木しようとした。もちろん、遊びですね。でも、「遊び」こそ、真正の「孤独」のための唯一の薬かもしれません。オースターが教えてくれたその「遊び」を、わたし

はオースターの作品に対して仕掛けてみたわけです。

最後に、もうひとつ——またしても一瞬多すぎるのか、一瞬少なすぎるのか——蛇足めいたことを付け加えておくと、前述のワールド・トレード・センターが完成したのは、一九七二年／一九七三年でした。つまり、一九四七年のブルーは、このツイン・タワーを見ることはなかったでしょうが、オースターは、ブルックリン橋を渡るたびごとに見ていたはずです。なにしろ、ツイン・タワーは、ブルックリンのちょうど対岸、ブルックリン橋を渡ったあたりにあったのですから。

そして、この「ツイン」が、わたしの想像力を刺激します。なぜなら、ブラックを見張るブルー、あるいはブラックとホワイトは、ある種の「ツイン」の関係をつくり出しているからです。ひょっとすると、「ツイン」は、「孤独」と深い関係があるのかもしれません。「孤独」こそ、「ツイン」をつくり出すのかもしれません。

もしそうであるなら、二〇〇一年九月一一日、「ツイン」の一棟が、——全世界の眼差しのもと——テロによって崩壊したことは、わたしの手前勝手な深読みなのですが、『幽霊たち』のストーリーとどこか呼応していないわけではないかもしれない。

そう、世界はふしぎな暗合に満ちているのです。

もうひとつ、最後に言い添えておくと、中学生では無理かもしれないけれど、高校生なら、『幽霊たち』を英語で読んでみるのも悪くないと思いますね。センテンスは短いし、けっしてむずかしくはない、とてもいいアメリカ英語だと思います。

ためしに、最後の引用のところをちょっと見てみましょうか。

But the story is not yet over. There is still the final moment, and that will not come until Blue leaves the room. Such is the way of the world: not one moment more, not one moment less. When Blue stands up from his chair, puts on his hat, and walks through the door, that will be the end of it.

となっています。これを読むと、moment という日本語にならない、英語ならではの独特の感覚が感じられるでしょう?

はじめに柴田元幸さんのすばらしい翻訳で読んでから、ペーパーバックの原書を読んでみたら、いい勉強になるのではないでしょうか。外国語もそのように自分の興味から出発して読んでみると、ぜんぜんちがった関係ができあがる。教科書や問題集で読む部分的な英語ではなく、ひとつの生きた世界が立ち上がってくる感覚をもたらしてくれる英語の経験です。こう言うわたし自身、いっときですがオースターの小説を原書で読みまくったときがありました。たぶん十数冊は読んだはずです。——と書いて、たしかめようと書棚を調べてみました。すると、Ghosts は、faber and faber 版の The New York Trilogy で読んでいるようで、それ以外にも、もちろん The Invention of solitude をはじめとして、一〇数冊のペーパーバックが見つかります。なかには読んだことを忘れている本もあるのですが、ポール・オースターが、わたしがこれまでの人生で、もっとも多く英語のテクストを読んだ作家であることはまちがいないでしょう。しかもそれは、純粋に「読書の快楽」のためだけの読書でした。その経験があってこそ、今回、『幽霊たち』が、わたしの心に、浮かびあがってきたのだと思います。

第2章　だからよく考えるように努めよう——パスカル『パンセ』

うのか。

本の森で重い本と出会う

いずれにしても、本と出会わなければ、なにもはじまらない。では、どうやって本と出会

たとえば、ここでわたしが君に本を薦めます。ポール・オースターの『幽霊たち』を読んでみたら？　そして、ニューヨークのブルックリンの雰囲気を味わいつつ、人生を賭けて一冊の本を書く人の謎めいたあり方をのぞきみしてみたら？　と。では、その本をどこで探すか。街の書店に行って、新潮文庫の棚から、柴田《しばた》元幸さん翻訳の一冊を買ってくる。そうすれば、その一冊をポケットに入れてもち歩くことができるから、君はいつでも、通学途中の電車のなかでも学校の休み時間でも読むことができる。

でも、もうひとつ手がある。それは、学校の図書館（室）で探してみる。なにしろ、図書館こそ「本の森」。万単位の本が、きれいに分類されて君を待っている。しかも、どの図書館にも司書さんという本の専門ガイドがいて、「ポール・オースターの『幽霊たち』を読み

たいんですけど……」と君がたずねると、それがその図書館にあるかどうか、どうやって探したらいいか、教えてくれるはずです。

そして、きっとそのとき図書館でみつかる『幽霊たち』は、同じく柴田元幸さんの翻訳ですが、文庫本ではなく、矢萩喜従郎《やはぎきじゅうろう》さんというデザイナーが装幀《そうてい》したハード・カヴァーのすてきな本かもしれません。なにしろ、GHOSTSという文字が裏に鏡文字のように並んでいるのが透けて見えるというとてもお洒落《しゃれ》な凝ったデザイン。なるほど、「幽霊たち」が並んでますねえ、と思わせる表紙なのです。

いいですか、本ってそういうものなのです。本は、ただ文字情報としてのテクストだけではない、作品としてのモノ。本には重さがあり、形があり、手触りがある。いまでは電子書籍もあって、コンピューターやスマホやタブレットの画面でスクロールしながら読むこともできますが、わたしのような「年寄り」にとっては、そんなものは「本」ではない、「書籍」ではない。たんなる情報です。でも、本はたんなる情報ではないのです。それはひとつの世界。ひとつの世界として重さがあり、空間があり、手触りがある。中身のテクストとデザインされた紙の作品の融合体としての一個の芸術作品なんですね。だから、わたしとしては、可能なら、君に、そうした芸術作品としての本で『幽霊たち』を読んでほしい。そのために、君に、まずは、学校のであれ、地域のであれ、図書館という「本の森」、「本のミュージアム」をおとずれてほしいのです。

でも、もしそうやって君が図書館をおとずれるなら、ただ『幽霊たち』を借りて「さよなら」しないでいただきたい。図書館はコンビニではありません。欲しいものをゲットしたらおしまいではない。くりかえしになりますが、図書館は「森」。だから「森」を散歩しないでどうする？　散歩してください。「森」の、――「新鮮な空気」とは逆の――「少し湿ったような埃《ほこり》くさい空気」、「眠っているような空気」を吸ってください。そこで、その書棚のなかで、眠っている言葉たちが見ている「夢」の数々を感じてください。君のまったく知らない無数の「夢」――それこそ「ひとつの世界」！――がそこで、かすかに身じろぎしながら、まるでGHOSTSのように！　誰かを、君を、待っているのです。

君は歩きます。君の背丈よりも高い書棚のあいだの狭い通路を。両側に色とりどり、厚さも質も違う背表紙が並んでいます。幾重にも折れ曲がりながら、迷路のような通路が続いている。そのなかを、散歩なのだから、目的など定めずにぶらぶら歩くのです。

そうすると、もちろん、なにも起こらないかもしれない。それでもいい。でも、ときおり、ふと、君の眼が書棚のなかの一冊の本のタイトルに釘付《くぎ》けになるかもしれません。そして、なぜか君の手が伸びて、棚から抜き出すかもしれません。手にとってページを開いてみる。目次を見てみる。「あとがき」をながめてみる。わたしの個人的経験からすると、三回のうち二回くらいは、「なんだ、ちがうな」ということになって、その本を書棚に戻すことになるのですが、一回くらいは、「うーん、おもしろそう、借りて読んでみようかな」となる。そして、そうやって借り出した一〇冊のうちの一冊くらいが、「ああ、この本に出会えてよかったなあ」という喜びを与えてくれるのです。

だから、図書館のなかを「散歩」しているときは、自分の感覚を開いていなければなりません。まるで森のなかで動物が獲物を探しているときのように、なにかおもしろそうな本がないかなあ、と全身！の感覚を開いて、書棚のあいだをふらつくのです。そして、ピンときたら、臆することなく、手にとって開く。人生において「出会う」ということは大事です。いや、人生においてほんとうに重要なことは、ただひとつ、それだけです。人に出会うこと、それに尽きる。そして、図書館とは、相手は「幽霊たち」かもしれませんが、まぎれもなく人であり、まったく知らない人と出会う場所なのです。つまり、図書館は、「出会い」のエクササイズの場所なのですね。

けっして「読めない」一冊の本

こう書きながら、それこそ、わたしの青春の（すくなくともひとつの）場所ではあったなあ、という感慨が湧き上がってきます。だから、すこしだけ、わたしの中高時代を語らせてください。前章で述べたように、わたしは自宅で世界文学全集、日本文学全集をそろえていて、それを読んでいた。でも、同時に、中学校三年間は、図書室とグラウンドですごした気がします。グラウンドは、軟式テニスクラブに入っていたからですが、図書室は三年間、ずっと図書委員をやっていた。しかも三年間ずっと同じ同級生の女の子といっしょに。つまり、図書室は、われわれの「友情」（わたしの人生にとっての最初のほんとうの「友情」だったと思います）の秘密のサロンだったのですね。いまでもよく覚えているのは、三年生のときに、図書担当の先生とわれわれふたりの三人で、図書の購入に、東販だったか日販だったか、いわゆる大手の本の取り次ぎ会社に出かけたこと。わたしは、そのころ評判になっていた吉川英治の長編小説『宮本武蔵』が読みたくて「購入してください」と先生にお願いした。もう名前も忘れてしまいましたが、眼鏡をかけたすこしこわい女性の先生、眼鏡の縁に手をかけながら「これは大人の読み物だから……」と躊躇《ちゅうちょ》していたのでしたが、最後には、「しようがない、内緒よ」と購入してくれたのです。それは、作者の吉川英治が生前よく着ていた着物と同じ柄の絣《かすり》で装幀された大きな本でした。夢中になって読みました。物語はほとんど忘れてしまったけれど（でも、お通という女性の登場人物はよく覚えています）、しかし紺の絣の装幀のその本の重さはいまでも心にずっしり残っているのです。

でも、だからといって、ここで君に『宮本武蔵』を薦めるわけではありません。となると、二冊目の本を語らなければならないこの章で、わたしはどんな本をとりあげるのか。

じつは、わたしの心に浮かびあがるのは、一七世紀フランスの科学者にして哲学者、そして神学者でもあったブレーズ・パスカルの『パンセ』です。

そして、これもまた、わたしの図書室の思い出と結びついている。中学校ではなく、今度は、高校の図書室。

わたしが通ったのは、東京の都立・小石川高校でした。そこでは図書委員はやりませんでしたし、中学校のときの友人の女の子は別の高校に進学したのでしたが、習慣は変えられません。高校でもあいかわらず、すこしも上達しない軟式テニスをやりながら、他方では図書室に通って本を借りつづけていました。たくさんの本を借り出したはずですが、ふしぎによく覚えている本が二冊ある。どうして覚えているかというと、重かったから。

わたしは山手《やまのて》線の巣鴨《すがも》駅から歩いて高校に通っていたのですが、都電が走る表通りではなく、車もあまり通らない住宅街の裏通りをいつも歩いていた。たぶん高校二年のときくらいだったと思いますが、いっとき毎週のように――貸し出し期限を更新するために――重い本を二冊もって通っていた記憶があるのです。「こんな重い本を二冊ももって、満員電車で通学するなんて、ばかだなあ、おかしいなあ、おれは」、とその裏通りを歩きながら思っていた、その記憶がいまでも残っている。だから、中高生時代のわたしにとっての「本」の記憶を掘り下げていくとどうしても、――『宮本武蔵』とならんで、かな?――この二冊が浮かびあがってくる。その一冊が『パンセ』でした（もう一冊については次章で）。

ということは、わたしの心に残っている『パンセ』は一冊の重たい本であった。文庫本ではありません。で、どういう本だったのだろうと、いまわたしが勤めている大学の図書館で半世紀前に読むことができた『パンセ』の翻訳で、それらしい本を探してみると、どうも三巻本のパスカル全集の一冊であったらしい。つまり『パスカル全集』第三巻（人文書院、一九五九年）ということ。わたしの記憶では、白い表紙だったのですが、大学の図書館から借り出した本はそうではなくて、濃淡のベージュの二色でした。人間の記憶はあてにならない。そのうちの一冊だったのかもしれないが、ページ数は第三巻は七〇二ページもあるので、しっかり重たい。その重さはたしかに覚えているわけですが、内容については、じつは、なにも覚えていません。なんでこの本を手にとったのかも思い出せない。

いったいわたしは『パンセ』を読んだのでしょうか？

でも、ここで、とんでもないことを言いますが、じつは『パンセ』は読めないのです。なんだって、と思うでしょう？　わたしが言いたいのは、じつは、『パンセ』とは、一冊の本ではないということ。本になっていない、その意味では、はじめがあって終わりがあるひとつの作品なのではない、ということです。

すなわち、かんたんに言えば、断片的なばらばらのメモの集合です。「パンセ」とは、フランス語で「思考」、「考えられたこと」という意味ですが、同時に、たとえば「金言」、「警句」というニュアンスもある。だから、まったく『パンセ』を読んだことのない人でも、なかのひとつに書かれている「人間は考える葦《あし》である」という言葉くらいは知っているわけです。

『パンセ』は、晩年のパスカルがひそかに書いていたメモ的な断章、それを後世の人が、分類し順序をつけて、編集したものです。だから、いろいろな版がある。決定的な版があるわけではなく、いまでも学者たちがいろいろな版をつくっている。つまり、潜在的には、無数の『パンセ』が可能なのです。ということは、それを読むわれわれ読者も、なにも編集された「本」を頭から読もうとしなくてもいい（「頭」がないのだから）。まるで日めくりカレンダーに書いてある諺《ことわざ》でも読むように、好きなときに、気に入った断章をとりだして読んでみるのでいいわけです。行き当たりばったりでいい。いや、それこそが、唯一のただしい読み方なのかもしれません。

だからこそ、『パンセ』は、ある一定期間、手もとに置いておくような仕方でしか読めない。三日間で一気に読みあげるというようなことはできないし、あまり意味がない。そうであれば、なるほど、高校生のわたしが、毎週のように、その本の貸し出しを延長して、手もとにおいていたのは、結局、その唯一のただしい読み方をしていたのではないか、と五〇年後のわたしが高校生のわたしに微笑《ほほえ》むのです。

考える葦

でも、断章のひとつくらいながめてみましょうか。どれでもいいのですが、せっかくですから、あまりにも有名なあの「考える葦」の断章にしましょうか。

引用は、高校生のわたしが読んでいた版でもいいのですが、いま手に入りやすい、最近（二〇一六年）刊行された塩川徹也《てつや》訳の岩波文庫にしましょう。三巻本ですが、それぞれ、註《ちゅう》や解説がたくさんついていることもあって、やはり文庫本としてはかなり重い！　それで読んでみます。

人間は一本の葦にすぎない。自然のうちで最もか弱いもの、しかしそれは考える葦だ。人間を押しつぶすのに宇宙全体が武装する必要はない。一吹きの蒸気、一滴の水だけで人間を殺すのには十分だ。しかし宇宙に押しつぶされようとも、人間は自分を殺すものよりさらに貴い。人間は自分が死ぬこと、宇宙が自分より優位にあることを知っているのだから。宇宙はそんなことは何も知らない。

じつは、わたしが高校生のときに読んでいたはずの版では、断章はここまででしたが、今回の岩波文庫版では、写本の研究を踏まえて、その後に、二つの短い段落が付け加えられています。ですが、わたし自身もふくめて多くの人にとって「考える葦」の断章として記憶されているのは、こちらの短いヴァージョンです。

この断章、ごらんのとおり、わたしのこの本でもわずか五行ですから、読むのに一分もかからないでしょう。それほどむずかしい言葉もありません。字義的な意味をつかむのに苦労はしないはずです。では、何を読みとればいいのか。何をわかればいいのか。この断章から何をつかむか？

そうなると、どこか雲をつかむような感じがしませんか。そして、その「雲」に向かって、まさに、君自身が「考える葦」であることを実践しなければならないと思いませんか。それこそ、端的に言って、わたしがいま、一冊のまとまった「本」として完成していない、断章集にすぎないこの『パンセ』を薦める理由なのです。つまり、本としての『パンセ』などないのだから、——さきほどの図書館のなかの散歩と同じですね——ランダムに開いたページの断章を読んで考えてみてもいいし、なにも引っかかる言葉がないなら、さっさと別のページに移動してしまえばいいのです。

大宇宙と一個のわたし

だから、ここから先は、君自身の「思考《パンセ》」の仕事というわけなのですが、せっかく引用したのだから、君を刺激するために、わたしもいっしょに読んで考えてみましょうか。ちょっと伴走してみます。

言っていることは、それほどむずかしくはありませんよね？　宇宙と人間とを対比して、比較にならないほどの宇宙の広大さ、強力さを強調し、人間はまったく無力であり、極小である。宇宙は絶対的に優位にある。でも、人間には宇宙にはない「考える」という力がある。「知る」という力がある。そのことによって、人間は宇宙よりも貴いという論理です。それを「考える葦」という比喩で語っている。

とりあえず、このようにテクストの意味を把握したとして、それでは、君は、ここで言われていることをどう思いますか。「あっ、そう、パスカルさんはそう考えたのね。でも僕には関係ないや」と感じるのか、それともこの言葉が君の精神のなかになんらかの反響を見出すのか？　ここが分かれ目です。「関係ないや」と感じた君には、きっとわたしの文章も「関係ないや」となるでしょうから、わたしとしてはお手上げ。そうではなくて、わずかにしろ、なにか響くものを感じた君には、君の精神のその響きを増幅させるように、たとえばつぎのように言ってみようかな。

多少の誇張を演出しつつではありますが、わたしはやはりパスカルのこの言葉に感動するのですね。で、その感動がどこから来るか、というと、それは、人類が、つまり人間というものが、とうとうここまで来たんだ、ということ。石器ももたない、火も使わない、そんな原初の人類の状態から、長いながい歴史を経て、――パスカルは一七世紀のフランスの人ですが——この時代に、途方もなく広大な「宇宙」とたったひとりの「わたし」、個人としての「わたし」がほとんど拮抗《きっこう》するように向かいあう図式へと到達する。そのような世界との関係を打ち立てるに至る。二一世紀のわれわれには、それほどびっくりするものではないかもしれませんが、「大宇宙 vs. 一個のわたし」という図式は、人類にとってはけっしてはじめから自明なものではなかった。

人類発生の時点をどこに定めるのか、わたしにはよくわかりませんが、何万年、何十万年、いや、何百万年の時間を経て、言語を使いこなす動物である人類が、とうとう言語によって、つまり「考える」そして「知る」力によって、一個のまったく無力な「わたし」のままで、(いまの科学知識で言うなら)一三八億光年もの大きさをもつ広大な「宇宙」と向かいあって拮抗するようになった!

そして、ひどくバランスを欠いた、しかし「向かい合い」の関係性こそ、前章でわたしが言った「孤独」ということの意味でもあるのです。「孤独」とは、ただみんなから離れてひとりぼっちということではない。そういった人間的な関係を超えて、この世界、この宇宙と、一個の人間である君が向かい合うということ。そして、向かいあって、考える。その力を君はもっているということです。

君は、いま、学校で、いろいろな科目を学んでいます。数学から、物理、生物、歴史、国語、社会……科目ごとに内容はまったく違っていますが、しかしその原点にあるのはなにかと考えたら、世界を前にして君がひとりで考え、知り、学ぶということにほかなりません。人間がもっているどんな「知」も、究極的には、世界と向かいあった「考える葦」から生まれてくる。そして、君自身もまた一本の「考える葦」。それこそが、人間の「尊厳」というものなのです。

そう、いま参照している塩川徹也さん訳の岩波文庫版では、このあとに二つの段落が続いていると先に言いましたが、何が書いてあるかというと、つぎのようになっています。

> こうして私たちの尊厳の根拠はすべて考えることのうちにある。私たちの頼みの綱はそこにあり、空間と時間のうちにはない。空間も時間も、私たちが満たすことはできないのだから。
>
> だからよく考えるように努めよう。ここに道徳の原理がある。

幾何学の精神と繊細の精神

「考えること」、「世界を知る」ことが、人間の「尊厳」の根拠だということです。それが、最後には、人間にとっての「道徳の原理」なのだ、というところにまでパスカルの議論は進んでいく。「道徳」といっても、これをするな、これをしろ、というようなことではなく、人間にとって「考えること」、「知ること」がそのままもっとも根源的な道徳性だというわけです。わたし自身は、ここで「道徳性」という言葉を使うのには若干、違和感がないわけでもないのですが、広大な世界のただなかで、圧倒的な力の世界を前にして、この無力な、孤独な一個のわたしが、言語をもち「考えること」ができ、「知ること」ができるというその一点において、とてもとても貴い存在であると断言しているところに感動する。それこそ、いま毎日、君が学校で学んでいる人間の「知」の根底にある光景、図式だからです。

この本では、わたしは、本の著者の解説に立ち入ることはできる限り避けようと思っているのですが、それでも、このパスカルという人は、――この時代の知性はそういうあり方をしていたので、じつはデカルトもライプニッツもそうなのですが――いまでいうなら理系文系の知を分かちもった綜合《そうごう》的な知の人であったことを一言述べておかないわけにはいかないでしょう。なにしろ、パスカルという名は、天気予報のときに空気圧を表示するときの単位になっています（「ヘクトパスカル」ですが、「ヘクト」は一〇〇ですから、一〇〇パスカルを一単位にして空気の圧力を測っているわけです）。空気圧の実験もしたし、幾何学でも確率論でも功績がある。かれ自身の言葉で言えば、「幾何学の精神」ということになるのでしょうが、もっとも高度な理性の能力を生まれつき備えていた人なのです。だが、それだけではなかった、かれはまた、かれ自身が「繊細の精神」と呼ぶ人間的な感受性も備えていました。その「繊細の精神」が人間という存在を観察し、受けとめ、そしてそれを愛そうとするのです。数学的、科学的な理性を通して「世界」を知ろうとし、繊細な感受性を通して人間存在を愛そうとする。

でも、まったく異なった原理に立つこの二つの次元――「世界」と「人間」――を、いったいどうやって調停することができるのか？　そのためには、どうしても「世界」と「人間」とをともに超越するようなもうひとつ高次の原理を求めない、わけにはいかない。それが、「神」。でも、これは、向かいあって観察するという「世界vs.人間」の図式には入らない。つまり、そこでは「考える」、「知る」ということが機能しないような事が起こるのでなければならない。それが、端的に言えば「奇跡」です。キリスト教的文脈で言えば「恩寵《おんちょう》」ということになる。一六五四年一一月二三日の夜、パスカルにそれが起こる。「火」が降ってくるという神秘体験が起こる。圧倒的な確実性をともなって、かれに、「神」が現われた（このようなパスカル自身の人生については、たとえば田辺保『パスカル伝』などをお読みください）。『パンセ』の断章は、この決定的な事件のあとに書かれたもの。かれはこの断章を通じて、キリスト教を擁護するいわゆる「護教論」を展開しようとしていた。つまり、『パンセ』は、すくなくとも、

1　数学に基礎を置いた自然科学的な「世界」の探求、理性の次元
2　人間の存在そのものへの哲学的な考察
3　神秘体験に裏打ちされた神学的な議論

の三つの次元のうち、1と2が3へと綜合され、包摂されることを目指す道を歩もうとしていたわけです。

けれども、正直に言いますが、キリスト教と縁がなかったこともあって、わたしの高校時代の『パンセ』の読書体験からは、3にかかわる断章を読んだ記憶がまったく残っていません。わたしが心ふるわせたのは、あくまでも2の人間存在についての鋭い分析——しかもあ

くまでも1の数学的ですらある高度な理性による分析——であったと思います。その言葉が、一七歳のわたしの「孤独な」精神に「火」として降ってきたのだと思います。たとえば、つぎのような文章です（解説ぬきでいくつか抜き出しておきます。わたしの追憶の作業です）。

——むなしさ

この世のむなしさほど明白な事柄はないはずだが、それを知る人はほとんどいないので、栄光と権勢を求めるのは愚かしいと言うと、奇怪でものめずらしい物言いに聞こえる。これこそ驚嘆すべきことだ。（一六）

——自分自身を知らなければならない。そうすれば、たとえ、真実の発見には役立たないとしても、少なくとも自分の生き方を整えるのには役立つ。そしてこれほど正しいことはない。（七二）

——人々は、死もみじめさも無知も免れることができないので、そんなことを考えずにすませることで幸せになろうとした。（一三三）

このくらいでやめにしておきますが、このような言葉の前に立ち止まってしばらく考えてみること、人間とはなにか、と考えてみること、それが『パンセ』を読むということなのです。そして、いま、君こそが、それを実践するのにもっともふさわしい歳なのだ、とわたしは確信している。なぜなら、君の年頃においてこそ、人ははじめて、孤独のうちに、世界と向かい合うから。世界のなかに、自分が一個の孤独として存在していることを、実感する一瞬がかならずあるから。誰にでもパスカル的なモーメントがある。それが、わたしがつくる「神話」です。

つぎの文を読んでみてください。

ある日、たとえば学校に通う路の途中、何気なく見上げた空の青さにどっきり心奪われて放心、言いようのない感情に襲われます。ひとつは、孤独と言いましょうか。世界はこんなにもわたしに無関心だ、この限りない無関心の世界を自分はひとりで生きていかなければならない、というもの。理由のない悲しみ、むずかしいことばで言えば「寂《せき》寥《りょう》」というやつですかね。

でも同時に、もうひとつ、理由のない歓びもある。ほかの誰でもなく、自分がここにこう生きてある、という純粋な歓び。この両極端の感情に襲われて〈中学生〉はほとんど涙ぐむ。でも、これは理由のない感情なので、本人もどうしてこうなったのかわからない。で、わからないものは、忘れてしまうのがいちばん——というわけで、記憶からすっぽり落ちてしまう。

これは、最近、書類を整理していてたまたま見つけたのですが、四年前に、この本の版元である筑摩書房の雑誌に、『中学生からの大学講義』（ちくまプリマー新書）刊行に寄せてわたしが書いた短い文章です。いまから読むと、まるで『パンセ』的ではないですか！　しかも、引用個所のあとには、「わたしにまったく無関心にあるこの世界を、わたしは、それでも知り、学び、そして愛するのでなければならない。それが、人間としてこの世界に生きるある種の「義務」だということ」と書いているのです。まるで「道徳性の原理」そのものではないですか！　この文章を書いたときには、パスカルのことなどすこしも思い出していませんでした。でも、どこか『パンセ』を上書きしているようではありませんか。こう書きながら、いま、思いますね。そうだよ、若いときの読書というのは、こういうふうに残っていくんだよ、と。重い本を抱えて、巣鴨の駅と高校とのあいだの通学路を歩いていたのは、無駄ではなかったんだ、と。ほんの少しですが、眼がうるっとしますね（わたしのこの短いテクスト、この第一部の終わりに全文載せてもらうことにしました）。

前章で『幽霊たち』のブルーが中国ではなく、パリに行くヴァージョンをわたし自身が捏《ねっ》造《ぞう》したという話をちらっと書きました。そのとき、ブルーがパリのどこに行くかというと、じつは、ブルーなんだからとパリのカルチエ・ラタンの芸術大学の前にある「ラ・パレット」というカフェに行くことにしたのでした。パレットなら、どんな「色」でもあるでしょう、とね。

でも、『パンセ』が登場した以上は、ブルーにそこからもう一度、セーヌ河を渡って右岸に戻ってもらい、シャトレというパリのちょうど真ん中に行ってもらってもいいかもしれません。セーヌの川岸に大きな劇場が向かいあって建っているところなのですが、そこに小さな公園があります。そして、ゴシック様式の美しい塔が建っている。サン・ジャックの塔です。高さ五〇メートルくらいでしょうか。むかしは教会の一部でしたが、いまでは教会はなく、ただ石造りの塔があるだけ。そのいちばん下の底のところに、彫像が一体置かれているのですが、それがブレーズ・パスカル。かれがここで実験をしたという故事に従って、像が置かれている。教会の廃墟《はいきょ》となった塔の内部に、科学者としての栄誉を讃《たた》えられて、「人間の哲学」を極限にまで、「神」の「火」に触れるまでに「考えた」パスカルがそこにいる。

パリにいて、その近くを通るときには、わたしはいつも、公園のなかに入り、塔のまわりを一周して、ブレーズ・パスカルに「ボンジュール！」と言うことにしています。

パリのサン・ジャック塔

ブレーズ・パスカルの像

第3章　悲しみを歌う――中原中也「詩集」

ことばのなかに滞留する

さて、高校生のわたしが図書室から借り出していたもうひとつの「重たい本」はなにだったか。なにしろ七一四ページですから、ほんとうに重い。ほとんど白に近い明るいクリーム色の表紙の一冊本。それは、『中原中也《ちゅうや》全集』（角川書店、一九六〇年刊行）、詩人・中原中也（一九〇七―一九三七）の詩作品、随筆、書簡、日記などを収めた全集でした。この生没年からわかるように、戦争直前の日本の文学世界をまるで彗星《すいせい》のように駆け抜けた抒情《じょじょう》詩人の「全集」、ひとりの人間の全生涯が、この一冊の「ことば」に集約されている。重たいのも当然、と言わなければなりません。

でも、これも、『パンセ』と同じで、頭から読んでいくという本ではありません。中也は、生前に一冊（『山羊《やぎ》の歌』）、没後すぐにもう一冊の詩集（『在りし日の歌』）を出しているだけですから、いまわれわれが読める詩作品の数はせいぜい一〇〇あまりではないでしょうか。文字の量だけなら、一篇《ぺん》の中編小説にも届かないかもしれませんね（ちなみに、中原中也の詩集は、たとえば集英社の文庫〔『汚れつちまつた悲しみに……』〕では二六〇ページです）。でも、詩ですから、順番に読んでいって、はい、終わりというわけにはいかない。それでは詩を読んだことにならない。詩を読むということは、そこに滞留するということ。ことばのリズムに身をまかせ、そのことばを、自分もまた、歌うということです。意味がわかればいいというものではない。だから、短い詩をひとつ読むにも時間がかかるし、何度も戻って読むということも必要になってきます。しばらくのあいだは、そのことばとともにある、という時間がどうしても必要なのです。

高校生のわたしがこの重たい全集をどのくらいの期間借り出していたのか、記憶はありませんが、一定期間、きっと毎日、どきどきしながら、一、二篇の詩を読んでいたのではないでしょうか。

で、そうやって読んだはずの中也の詩を、いま、どのくらい覚えているか。じつは、『パンセ』と違って、これは覚えているのですね。やはりリズムのおかげでしょうか、口をついて出てくる詩句がいくつもあって、たとえば以下のようです。

幾時代かがありまして

茶色い戦争ありました　「サーカス」

ゆあーん　ゆよーん　ゆやゆよん　「同」

そなたの胸は海のやう
おほらかにこそうちあぐる。　「みちこ」

少年時

私の上に降る雪は
霙《みぞれ》のやうでありました　「生ひ立ちの歌」

ホラホラ、これが僕の骨だ、
生きてゐた時の苦労にみちた　「骨」

秋の夜は、はるかの彼方に、

小石ばかりの、河原があつて
「一つのメルヘン」

また来ん春と人は云《い》ふ
しかし私は辛いのだ
「また来ん春……」

長門峡に、水は流れてありにけり。
寒い寒い日なりき。
「冬の長門峡」

まだ続けられますが、このくらいでやめておきましょう。でも、じつはまっさきに口をついて出た詩はあげなかったのですが、それは、全部を引用したかったからです。中也と言えばこの詩というくらいに有名ですが、高校生のわたしもまちがいなく、この詩にこそノック・アウトされたのでした。

汚れちまった悲しみに……

汚れちまった悲しみに
今日も小雪の降りかかる
汚れちまった悲しみに
今日も風さへ吹きすぎる

汚れちまった悲しみは
たとえば狐《きつね》の革裘《かはごろも》
汚れちまった悲しみは
小雪のかかってちぢこまる

汚れちまった悲しみは
なにのぞむなくねがふなく
汚れちまった悲しみは
倦怠《けだい》のうちに死を夢む

汚れちまった悲しみに
いたいたしくも怖気づき
汚れちまった悲しみに
なすところもなく日は暮れる……

悲しみが歌われています。悲しみこそ、中也の詩の核心にあるものです。そして、それだからこそ、わたしは、パスカルに続いて中也を読むように君に薦めようと思ったわけです。なぜなら、すでに述べたように、世界のただなかに自分がひとりである、というこの本質的な孤独の感覚は、かならずや悲しみをともなわないわけにはいかないから。パスカルのように、この孤独に論理的なことばを与えることもできますが、同時に、人間は、感情をもっており、その孤独の感情を、論理的に説明するのではなく、ストレートに歌うことができる。そして、この詩に感じられるように、中也ほどストレートに、純粋に、それを歌った人はいないように思われます。

しかも、それは、「汚れちまった悲しみ」と言われている。「汚れた悲しみ」ではないのです。「汚れちまった悲しみ」。もちろん、誰にもこの「ちまった」のニュアンスはよく感じとれるはず。では、君は、それはどんなものだと思います？　それを自分のことばで言い直してみてください。と、悪い癖で、「国語」の先生みたいな口ぶりになってきましたが、でも「読む」とはそういうこと。逆に言えば、「国語」の問題集をいくらやってもあまり意味がなくて、日頃のほんとうに「読む」エクササイズだけがその人の「国語力」というか、言語能力をつくりあげる。そして、君がいま、どうしても自分で開発しておかなければならないのが、この能力です（ついでに言っておくと、それは、たんなる一教科などというものではない。あらゆる教科を超えた、あるいはすべての基礎でもある「世界」そして「人間」についての根源的な理解力なのです）。

「汚れちまった悲しみ」を歌う

というわけで、ここから先は君自身に考えてもらいたいところですが、少し言わずもがなのことを付け足しておきましょうか。

問題はただひとつ、「悲しみ」とはなにか、そしてそれが、どうして「汚れちまった」のか？

でも、――ここが重要なポイントですが――それは、この詩を書いたときの中也がどんな

現実的な、具体的な「悲しみ」を抱えていたか、を想像するということではありませんよ。三〇歳という若さで死んだ中也の人生は、多くの「悲しみ」に満ちています。悲哀だらけの人生です。わたしは、この本では、それぞれの著者の人生にはあまり踏み込まない方針なのですけれど、ここでは、かれのかんたんな「年譜」（集英社文庫巻末）からいくつかの出来事をピック・アップしておきましょうか。

1　山口県山口町で出生（一九〇七年）

2　三歳年下の弟が病没（一九一五年）（これがかれに最初の詩を書かせます）

3　中学の三学年を落第、京都に転校（一九二三年）

4　京都で三歳年上の長谷川泰子《やすこ》と同棲《どうせい》（一七歳ですよ!!）（一九二四年）

5　東京へ。大学に入れず予備校通い。だが、長谷川泰子は東京で知り合った友人の小林秀雄《ひでお》のもとにはしる。つまり、友人に同棲相手の女性を奪われるという事態（一九二五年）

6　日本大学予科に入学、しかしすぐに中退（一九二六年）

7　父の死（一九二八年）

8　東京外語専修科仏語科に入学。四歳年下の弟が病没（一九三一年）

9　最初の詩集『山羊の歌』を印刷するが、資金不足で製本できず（一九三二年）

10　結婚（一九三三年）

11　長男誕生（一九三四年）

12　吐血（一九三五年）

13　長男急死、神経衰弱におちいる。次男誕生（一九三六年）

14　神経衰弱のため入院。郷里に戻る決意をした直後、再入院、結核性脳膜炎で死去（一九三七年）

大岡昇平、小林秀雄、富永太郎ほか、歴史に残る文学者、美術家、知識人たちからオーセンティックな詩人としてその存在を認められていた中也でしたが、かれの人生は、このように、「苦しみ」と「悲しみ」に浸されていて、どこにも大地に足を下ろした「安らかさ」のモーメントがありません。まさに「悲しみ」の詩人。でも、だからといって、「汚れちまった悲しみに……」の「悲しみ」が、このなかの具体的な事件のどれかが中也に引き起こした「悲しみ」なのだと言っていいかどうか。

「汚れちまった」ということは、汚れなき、純粋な「悲しみ」があったということを意味しています。それが、自分の意思からではなく、不本意な仕方で「汚れた」というわけです。では、どうして、なにによって「汚れちまった」んでしょうか？　詩人は、中也は、あきらかに、ああ、汚れちまったなあ、と悲しんでいる。そして、そのことが、かれを、「倦怠のうちに死を夢む」というところにまで連れ出してしまうのです。

もう少し細かに読んでみましょうか。第一連と第四連は、「汚れちまった悲しみに」のリフレイン。第二連と第三連は、それが「汚れちまった悲しみは」に替わっています。そして、その第三連の「汚れちまった悲しみ」は、明らかに、中也自身です。中也はそこで、自分は「汚れちまった悲しみ」として「なにのぞむなくねがふなく　倦怠のうちに死を夢む」と言っている。

でも、それだけではない、この詩は、そのような自分自身をじっと見つめる詩人としての眼によってこそ、歌われています。「倦怠」に押しつぶされて「死」を夢みることしかない「わたし」そのものを、——「ことば」が可能にしてくれる距離をおいて（それこそが、「汚れちまった悲しみに」の「に」が示すものなのですが）——歌おうとしている。それが第二連です。そして、そこに、この詩のイメージの核がある。すなわち、「狐の革裘」です。

「小雪のかかってちぢこまる狐の革裘」――君はイメージができますか？　正直に言って、わたしは、この「狐の革裘」がどんなものなのか、いまだによくわかりません。「狐の革」でできた上衣が、当時、ほんとうにあったのでしょうか？　中也がそれを着ていたのでしょうか？　でも、そんなことはどうでもいい。いずれにしても、イメージは決定的です。それは、「たとえば」と言われてはいるが、どうしても「狐の革裘」Kitsune-no-Kawa-Goromoでなければなりません。そこに、いつまでもやむことなく、冷たい「小雪」Koyukiが降りかかり、すると、「汚れちまった革裘」が、身をすくめるように、「ちぢこまる」のでなければなりません。それが、ここでの「悲しみ」Kanashimiの究極的なイメージなのです（詩は音のリズムでできています、そのことを強調するために音の表記をしておきました）。

　では、こうして詩の核のイメージがつかめたとして、それでは、どうして「悲しみ」は「汚れちまった」んでしょう？　わかりませんね。でも、はっきりしているのは、中也は、汚れていない、純粋な「悲しみ」を知っていたこと。そして、その純粋さが、さまざまな他者との関係において、「汚れちまった」ということ。「純粋な悲しみ」とは、きっとあの『パンセ』の広大な宇宙と向かいあったときの「考える葦《あし》」の「孤独」に通じるものかもしれません。それは、純粋です。人間同士の諸関係によって条件づけられていない。汚されていないのです。しかし、人間は、あくまでも人間関係のなかに生きる。さまざまな条件づけに拘束される。「純粋な悲しみ」がいつのまにか、たとえば親友に恋人を奪われた「悲しみ」に転化してしまう。「汚れちまった悲しみ」になってしまう。人間関係のなかで傷つき、萎縮して、ちぢこまってしまう。

でも、身をふるわせるようにしてちぢこまってしまった「革裘」に、「小雪」が降りかかります。この「小雪」はなにでしょう？ それは、「世界」から降ってくるものです。それは、人間のこころにはまったく無関心です。それは「世界」の一現象。でも、それだからこそ、「小雪」は、そのまっしろな「純粋さ」によって、人間関係のなかで傷つき「汚れちまった悲しみ」を、あたかも清めてくれるかのようなのです。

もちろん、これは、わたしの勝手な解釈。「汚れちまった悲しみは　小雪のかかってちぢこまる」——この詩句を、文字通りに受けとめたら、ふつうは、「小雪」が降りかかり、そのあまりの寒さに、「私」の心がちぢこまる、と理解するでしょう。それでいい。でも、その第一の意味解釈のうえに、第二の解釈を重ねることができる。詩的なイメージとはそういうものです。「汚れちまった悲しみ」、人間関係によってもたらされた、それゆえもはや人間によっては癒しがたいこの「悲しみ」を、もちろん「小雪」が癒してくれ、救ってくれるわけではないのだが、しかしそれは、「純粋な」、つまり徹底して人間に無関心な「美」によって、それを、つまり「汚れちまった悲しみ」を、――さあ、なんと言いましょうか、ここがポイントです――（この動詞となりました！）「ゆるしてくれる」のです。

こうして「小雪」は、（ちょっとむずかしい言い方になりますが）、「世界」からの「贈与《ギフト》」です。それを受け取ることこそが、「詩」なのです。

この詩の最後に、詩人は言います――「いたいたしくも怖気づき　なすところもなく日は暮れる……」と。「汚れちまった悲しみ」になにもすることができない。なにも変えることができない。でもね、かれは、この詩を歌ったのです。歌うことによって、――たとえ現実的にかれの「悲しみ」を消し去り、解決するわけではまったくないにもかかわらず――「世界」と孤独な「かれ」のあいだに「小雪」のように、純粋な結晶のようなものが降ってくるのです。そこに人間であることの、たしかに悲しい、しかし「尊厳」が立ちのぼる。人間はね、「世界」のなかに存在する「心」を歌うことができる。なんとすばらしいこと、なんと美しいこと。はっきり言っておこう、人間にとって、これ以上にすばらしいことなんてない、と。

そして勢いにまかせて、わたしが言っておきたいのは、このような詩の心は誰にでもあるよ、ということ。詩はいわゆる「詩人」のものなのではない。詩を書いて、詩集を出せば詩人なのではない。そうではなくて、言語を学んだ以上は、誰もが（潜在的には）詩人なんですね。違いはただひとつ、現実的にはなんの役にも立たない詩なるものを歌うのか、歌わないのか、というだけ。とすれば、どうだろう。せっかく中也を読むのなら、君もまた、自分のそのときどきの「心」を凝視《みつ》めて、歌ってみたらどうだろう？　別に「詩人」になるためではなく、ただただこの「世界」のなかに条件づけられている自分の「心」を、無条件に、歌うこと。俳句でもいい、短歌でもいい、詩でもいい、いや、警句のような表現でも、一行の文でもいい、どこかのノートの切れ端に書きとめてみたらいい。

　こんなことを言うのも、高校二年生のときに、わたし自身が、突然に詩を書いたその特別な日をいまだに覚えているからですね。やはり、というべきか、二月だったか、雪が降っていました。その「小雪」に刺激されて書いたのですね。どういう内容だったかはすっかり忘れてしまっていますが、それでもしばらくして同級生たちといわゆる同人雑誌をつくりましたから、それを探し出せば見つかるかもしれません。きっとわたしなりの「悲しみ」の表現だったのではないでしょうか。雑誌のタイトルは、——わたしがつけたのでしたが——「不協和音」でした。ある意味では、「汚れちまった」のヴァリエーションだったのかもしれません。

歌う葦

詩を読むことには、どこかそういうところがある。詩を読むことは、詩の「ことば」に、そのリズムに、みずからも共鳴、共感すること。そうすると、その波動が今度は、君自身の心に固有の波動を引き起こすというようなこと。

そう、ひょっとしたら、パスカルは、そうは言わなかったのですが、「考える葦」は「考える」だけではない、また「歌う葦」でもあるのです。人間は、「世界」の風に揺れながら、「世界」の徹底的に無関心の動きを、「知る」だけではなく、なんと自分のものにして、それを「歌う」こともできる。じつは、この二つは相補いあっている。「詩」と「哲学」は裏表なのです。

実際、中也は、詩を書いただけではありません。まったくパスカルと同じなのですが、日々、短い文を書きとめることで、「哲学」をしています。わたしが図書室から借り出していたあの全集には、詩作品だけではなく、かれの随筆も書簡も日記も収められていました。その「日記」の冒頭は、「千九百二十七年（昭和二年――精神哲学の巻）」と題されていて、以下のようにはじまっています。

一月十二日（水曜）

向上するのは性格ではない、道徳だ。

*

心懸けとしては道徳しかない。

（質実であればよいのだ。）

一月十三日（木曜）

頭の悪いということだけが罪悪だ。

（恐らく地上最後の言葉）

一月十四日（金曜）

恵まれてゐるという。

また恵まれてないという。
いかにも不公平なやうだ。
だつて恵まれた者は恵まれてるだけ好いことをし、恵まれてない者は恵まれてないだけのことしかしてはゐないではないか。

このくらいでやめておきますが、ここには人間についての観察と考察があり、その根底には、——まるでパスカルと同じですが——ある種の「道徳」の感覚があることがわかります。で、中也二〇歳のときにはじまった「日記」が、二段組みで印刷されたこの「全集」で、あと一三〇ページほども続いています。そこには、いろいろな「哲学」や「思い」そして行動記録が詰まっているのですが、ここではそれをじっくり読んでいる余裕はありませんから、(ずるいのですが) あいだを全部とばして、最後がどうなっているかだけ、ちょっとのぞいてみましょうか。

九月二十七日
フランス語勉強。

モオパッサンを読む。
夜に入りて雨。

九月二十八日

小林来訪。共に岡田訪問。岡田不在。

九月二十九日

モオパッサン傑作短篇集Ⅳ読了。
Devoir 2° 発送。
上京。丸善、白水社、三才社等を見、三冊求む。文房堂にて原稿紙、Gペン。青山を訪ね、それよりエスパニョルに行き河上等に会う。林が来て、林と同道帰る。関口、内海に新橋駅で会う。日仏会館より高等科に同時入学は許可せぬ旨通知あり。留守に原一郎来訪。

九月三十日

昨夜おそかったので朝食後午睡。
夜会話書を読む。
青山二郎に手紙。今月も無事に終った。
来月は帰省だ。
浴後詩なる。二篇。

十月二日
安さん来訪。

十月三日
高原来訪。
3° devoir part, mais
2° armée seulement.

ここで終わっています。もうあまり「哲学」していませんね。最後はフランス語ですが、

「課題№3を発送、しかし№2の問題群のみ」という意味です。日仏会館のフランス語の通信教育を受けていて、その「課題」を送ったのでしょう。かれの「日記」の最後がフランス語であることに、わたしは胸がつまります。年譜によれば、この直後、一〇月六日に「鎌倉養生院に入院」、同二三日午前零時一〇分「永眠」となっています。

　ここでは触れませんでしたが、「日記」を読んでいると、「神様」のことが出てきます。たとえば一九二七年六月二一日の日記には「神様があるとは神様があるということだ。／神様がないとは神様があるなしの議論に関わらず――「私の心は……」ということだ」というような記述もある。「神様」の存在／非存在の問題を考えているのです。「年譜」によれば、亡くなる年の三月には、「鎌倉の教会にジョソ神父をたずね教会にしばしば通う」とも書かれています。つまり、中也もまた、パスカルと同じように、信仰という道をかなり真剣に考えていた。でも、パスカルとは違って「火」の神秘的体験は起こらなかったように思われます。

前章でわたしは『パンセ』について、

1　数学に基礎を置いた理性的な「世界」の探求（自然科学）
2　人間の存在の意味への考察（哲学）

3　神秘体験に裏打ちされた神学的な議論（神学）

という三つの異なった次元があることを指摘していたはずですが、中也にはさすがに、1はなかったが、2も3もあった。そして、加えて、

4　人間の固有の心を歌いあげる次元（詩）

があったということになるでしょうか。

パスカルは『パンセ』を通じて、「1と2が3へと綜合《そうごう》され、包摂されることを目指す道を歩もうとしていた」とわたしは言いましたが、それとの対比で言えば、中也は、3の道を思い試しつつも、しかし最終的に身を投じて徹底することができず、あくまでも4の「詩」の次元にとどまり続けた、と言ったらいいのでしょうか。

つまり、「汚れちまった悲しみは／なにのぞむなくねがふなく」、そこが中也の場所であった、と。

そうなのですが、でも、中也の「日記」を読んでいると、かれには、ひとつだけ激しい

「願い」があったことがわかります。

それは、フランス語です。「日記」の最後はフランス語の通信教育の課題を送ったことが書かれていたわけですが、それを申し込んだのはじつは三週間前の九月一三日でした（「関西日仏会館初等科及中等科通信講義入会申込書授業料教科書代金発送。仏作文の練習大いに初めようと思う」）。その翌日には「通信講義待ちどおしくて何も手に付かず」と書かれている。次の日も「通信講義今日は来るか？」。その次の日には教科書が届いたようですが、「宿題」が来たのは二四日で、その日のうちに「答案発送」となっています。フランス語を書けるようになることが、どれほど激しい願いであったかがよくわかります。かれはその六年前に東京外語専修科仏語科に入学し、すでにフランスの詩人アルチュール・ランボーの詩を翻訳していたわけですが、しかしフランス語を書くことはできなかった。それを学ぼうとしていた。そこには燃えあがる「火」のように激しい憧れ、渇望が、あったのです。

「日記」の最後「3° devoir part, mais 2° armée seulement.」――これを読むと「わたしは胸がつまります」とさきほど書きつけました。かれは「日記」をフランス語で書きたかったんだ、と。もちろん、いまのわたしなら、冠詞はどうした？　とこの短い文にも「ケチ」をつけて、あまりうまいフランス語ではないな、と言うところです。でもね、わたしが「胸がつまる」のは、わたしもまた、フランス語に対する激しい憧れ、渇望を生きたからです。とても他人事《ひとごと》とは思えない。パスカルの『パンセ』と中原中也の『全集』を両脇に抱えて高校に通っていたわたしであるなら、いまから思えば、必然的な「運命」と言ってもいいのかもしれませんが、わたしもまた、フランス語を自分のものにすることに、ある時期、自分の人生を賭けるのです。それを思うと、高校時代のこの二冊の本が、どれほど決定的に、わたしのその後の人生を「予言」しているかと、おののくような思いがいま、するのです。

第4章　未完成な生を生きる——矢内原伊作『ジャコメッティとともに』

世界を別様に生きるための外国語

　こうしていまでは半世紀以上前ということになるが、わたし自身の高校時代の二冊の「重い本」との出会いを語ってみたのですが、パスカルと中原中也《ちゅうや》という国も時代もちがう二人の人の世界が交差するところに「フランス語」という外国の言語が浮かびあがってきたわけで、前章の末尾に書いたように、——これは、わたしの人生のひとつの「秘密」ですね——わたしもまた、「わが人生、なによりもフランス語に賭ける」という選択をしたわけです。大学に入って二年目くらい、だいたい二〇歳《はたち》直前のころだったと思いますけれど、母国語ではない他者の言語を通して、この世界を別様に感覚し、理解し、生きてみたいということです。間違わないでいただきたいのですが、フランス語を使って実用的な目的を達するということではありません。そうではなくて、フランス語が包含しているわたしの知らない世界、日本の風土とはあまりにも違う異邦の世界をすこしなりとも生きてみたい、という強い憧れ。実用ではなく、憧れこそが動機です。それだけが、人を真に動かすものなのです。

そこに至る経緯を少しだけ述べさせてもらいますが、わたしは理系の人間だった。高校を出て入学したのが、東京大学理科Ⅰ類、理学部あるいは工学部へと進む学生たちの科類。物理学を専攻するつもりでした。じつは、――多少パスカルにも似て、と言いましょうか――わたしは小学生時代から自然科学に強い興味があり、たしか小学校六年生くらいでその当時発見されていた素粒子の名前を全部覚えていたくらい。エンリコ・フェルミというイタリア人の原子物理学者に憧れてもいた。そして中高時代、数学もそこそこできた。で、将来は物理学でノーベル賞でもとろうか、と周囲に冗談も言っていたのですが、――もちろん、あとから劇的に衝撃性を強める方向に多少の脚色はしていますが――東大の最初の数学の授業（忘れもしない、杉浦光夫先生の「解析概論」、偏微分方程式論）で、その思い上がりが一挙に崩れ落ちる。

教室に入ってきた杉浦先生、どうもフランス帰りだったようで銀縁の眼鏡に手をかけて「フランス語で授業してもいいんだけどね」とか言いながら、さっとチョークを手にとると黒板いっぱいに数式を書いていく。あとから思えば、ε（イプシロン）δ（デルタ）論法という基本的な論法なのだけど、ギリシア文字がとびかい、わたしにはまるでチンプンカンプン。茫然《ぼうぜん》としていたら、わたしの隣にいた級友が手を挙げて「先生！　その三行目、違ってますよ」と。先生、「ああ、そうだそうだ」と訂正。わたし、唖然《あぜん》。その一瞬のうちに、こりゃノーベル賞無理かもね、と悟りました。最初の授業で自分の限界を見極めたという意味では、なかなか経済的。学校というところは、もちろんなにかを学ぶ場でもあるけれど、それ以上に、自分の能力・感覚・論理の限界をきちんと見極める場でもあるわけですから。

わたしの大学入学は一九六八年です。君が生まれるはるか以前の「神話的時代」ですが、この年はいわゆる「全共闘運動」という学生運動が日本の多くの大学のキャンパスを揺り動かしていた年。東大も例に漏れず、いや日大と並んでその最先端（なにしろ翌年の東大入試が中止に追い込まれたくらいですから）、夏のはじめには全学ストライキに突入で授業はなくなり、校舎はわれわれ学生によって占拠封鎖され、構内では連日デモと集会というカオス的状況。わたし自身も「物理学」という人生の羅針盤を失って、この混沌《こんとん》に巻き込まれて行くのですが、ある意味では混沌以上の「学び」はないのかもしれない。二年くらいのカオス的混乱を経て、辿《たど》り着いた人生のひとつの指針が「フランス語」であったということですね。

だが、それは、すでに述べたように、「フランス語」を「専門」にして身を立てようというのではなくて、むしろ逆に、物理学とか建築とか、あるいは法学や医学、歴史学、フランス文学、経済学といった制度のなかで確定した「専門分野」を選ばないための選択でした。

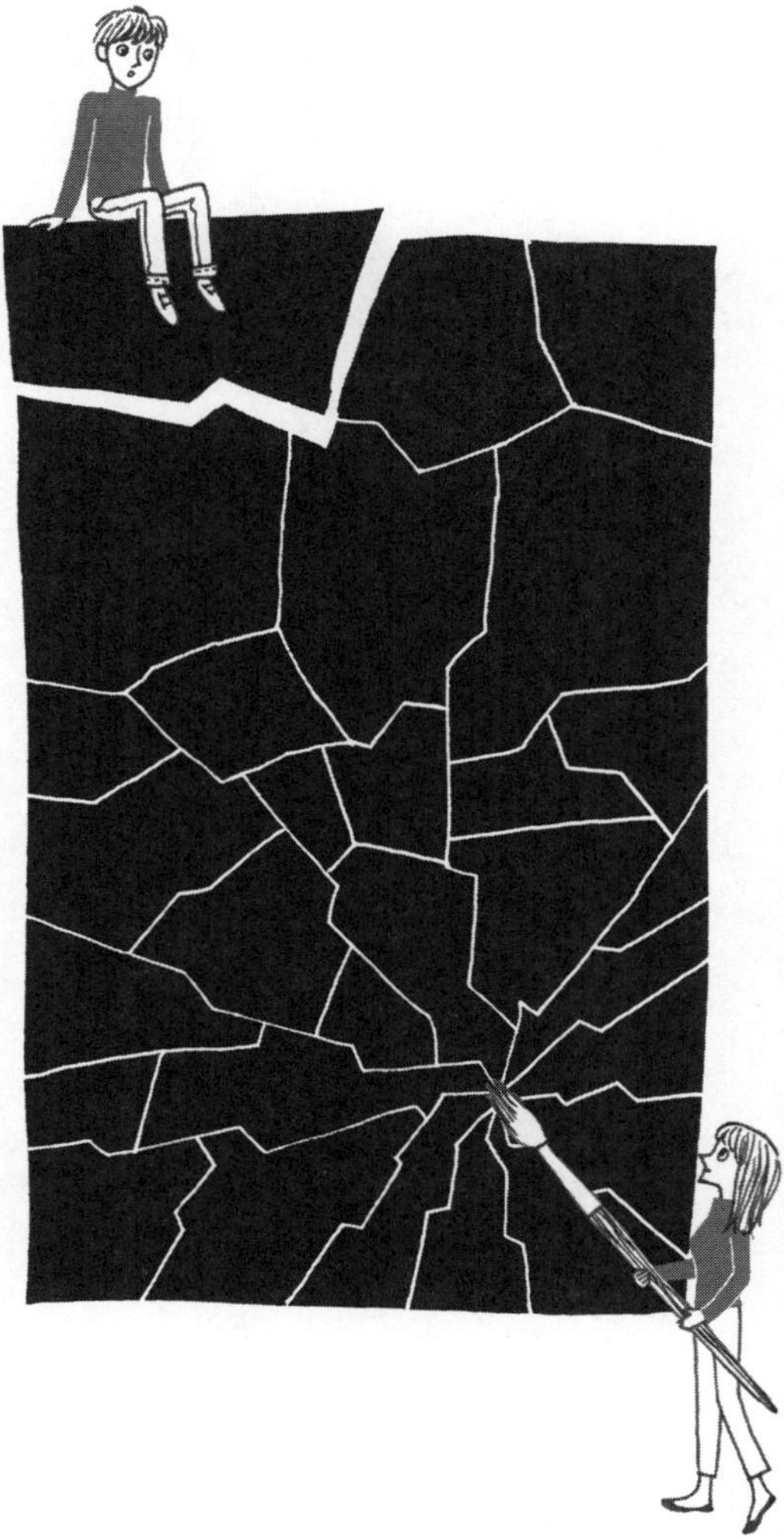

「専門分野」ではなく、ただ漠然と「フランス」、もっと正確に言えば「パリ」を目指すということ。人生に「方向」を与える。それが具体的になにをもたらすのかはわからないけれど、この「扉」を開けるぞ、という決意です。

不可能なことへの挑戦

だが、そのように「パリ」が人生の「行き先」となるためには、もちろん現実の「フランス」ないし「パリ」のイメージが、わたし自身のなかに形づくられなければなりません。イメージがあるから憧れるのであり、しかもそうした強いイメージは、『パンセ』のあの哲学的な文章と中原中也のフランスへの憧れからだけでは熟成されない。どうしても多様なメディアによって複合的にイメージが形成されるのでなければなりません。

では、わたしにとって「パリ」ないし「フランス」のイメージの「鍵」となったものはなにだったか。思いつくままに列挙してみると、中原中也もまっさきに翻訳をしていた一九世紀の詩人アルチュール・ランボーの詩集（『地獄の一季節』、「イルミナシオン」）は別格として（わたしは、これをおもに小林秀雄訳の岩波文庫版で読んでいました。薄いのでいつもポケットに入っていた）、いまでは誰も読まないロマン・ロランの長編小説『ジャン・クリストフ』、当時、全盛だった実存主義の文脈でジャン＝ポール・サルトル、あるいはアルベール・カミュの作品（『異邦人』とかですね）など。『悲しみよ　こんにちは』などフランソワーズ・サガンの小説もあったかな。

いや、文学や哲学だけではなく、イメージが問題なのですから、映画も決定的な役割を果していて、そうなると、なんといってもジャン＝リュック・ゴダールの「気狂いピエロ」（一九六五年）。これはフランス語の台本まで取り寄せて読んでいたくらいに熱中したし、一九六八年に公開された「個人教授」（ミッシェル・ボワロン監督）は、映画作品としてはどうということはないのだが、冒頭に流れるパリの石造りの街のグレーの美しさでわたしを陶酔させました（「ああ、あの石の街に住みたい」と思ったのですね）。そうしながら、毎日、粗末なレコード・プレーヤーで歌手のジュリエット・グレコの歌う「枯葉」や「ロマンス」を聴いていた。のちには、ジョルジュ・ブラッサンスの歌も何十と歌詞を暗記するまで聴いていましたね。もちろん、日仏学院やアテネ・フランセというようなフランス語学校にも通っていた。その図書館から本やレコードを借り出していたのです。

と、限りなく続くのですが、そのなかで、ここで君に語るべき一冊をあえて選ぶとすれば、――じつは、わたし自身の思考のスタイルに決定的な影響を与えたという意味では宮川淳《あつし》の

『鏡・空間・イマージュ』（美術出版社）を取り上げるべきなのですが、すこし専門的すぎるかもしれないので――やはりこれ、矢内原伊作《やないはらいさく》の『ジャコメッティとともに』（筑摩書房）にしましょう。

アルベルト・ジャコメッティというスイス生まれのアーティスト（彫刻家・画家）を知っていますか？　日本でも近年、大規模な展覧会が行なわれましたので、かれの極端に細長い人体の彫刻作品のイメージが思い浮かぶ人もいるかもしれませんね。二〇世紀初頭のシュールレアリスム運動から出発して、人がそこに存在し、目に見える存在として現前している謎そのものを、彫刻あるいは絵画を通して、一生かけて探求し続けたアーティストとかんたんに紹介しておきます（より詳しい解説は、わたしが書いた『絵画の冒険』をお読みください）。そのジャコメッティのパリのアトリエを、一九五五年の秋、当時、京都大学の教員であった哲学者、矢内原伊作が訪れます。そして、翌年、矢内原が帰国する間際になって、ジャコメッティ自身に頼まれて連日、そのアトリエでモデルをつとめることになる。その一部始終が語られているのが、この『ジャコメッティとともに』です。

では、わたしがいまここで、君に、この本について語ろうとするのは、どうしてか。もちろん、パリについて語りたいからではないし、ジャコメッティの芸術を論じたいからでもない。それは、ただひとつ、——前述の『絵画の冒険』のなかで思わず書きつけてしまった表現をそのまま借りれば——「刊行されたばかりの矢内原の『ジャコメッティとともに』が、当時二〇歳前後だったわたしの精神のなかで爆発したと、言おうか。その一冊が、わたしの生にとっては、人間についての「聖書《バイブル》」となったのでした」というそのことです。忘れていたけれど、なんと「人間についての「聖書」」という言い方までしていたのか、と自分でも読み返してすこしびっくりですが（であれば、ここでとりあげないわけにはいきませんね）、一言で言えば、その核にあるのは「激しさ」です。人間の生が、根源的に途方もなく激しいものである、ということを、この本は、——パリの「自由」のグレーの美しさとともに——わたしに教えてくれたということなのです。

だって、そうでしょう？　ひとりのアーティスト、しかもすでにキャリアもあり、世界的な名声も獲得しているアーティストが、ひとりの人間の肖像を描こうとして、連日、ほとんどぶっ通しでカンヴァスに絵筆を走らせつづける。そうすれば、当然、絵の具が盛り上がってくる。するとその塊をナイフで削ぎ落とし、描いたものをすっかり消してしまい、またやり直す。つまり、自分が到達したもの、実現したものを「破壊」して、さらに先へと進もうとする。それが何日も何日も終わりなくつづく。

ジャコメッティは僥倖《ぎょうこう》を当てにしない。彼が制作するのは破壊するため、破壊することによって一層真実に近づくためである。仕事は一日も休まず続けられた。同じ仕事、同じ困難、試作と破壊の同じ反覆。いや、同じではない。日とともに仕事は激しくなり、絶望は大きくなり、絶望に打ちかとうとする戦いもまた熾烈《しれつ》となった。時間は飛ぶように過ぎた。ぼくは毎日何時間も不動のポーズを続けたが、退屈するどころではなかった。ぼくの人格は彼の激しい仕事によって押し流され、その奔流にのみこまれ、その仕事とともに呼吸していたのである。画布の上のぼくの顔は一日のうちに何度も描かれては消され、消されては描かれ、輪郭を失っていよいよ朦朧《もうろう》となり、同時にますます球体の密度を獲得した。大抵の日、滑り出しはうまく行く。「こんなに遠くまで進んだのは生れて初めてだ」と彼は意気ごんで言う。「こんなによく、つまりこんなに自由に仕事が出来たことはこれまでに一度もなかった。」が、描き進むにつれて困難が加わり、「糞《メールド》！」が連発され、七転八倒の格闘になる。これは、文字どおり、眼に見えぬ何かしら巨大なものとの、渾身《こんしん》の力をふりしぼってする格闘だった。少しでも力を弛《ゆる》めたならば、その巨大なものに圧《お》し潰されてすべてが瓦解してしまうだろう。血走った眼でぼくの顔を注視しながら、筆をおろす時、時おり彼は「アアーッ」という何とも言えぬ叫びをあげる。圧倒的に優勢な敵に立ち向う獅子《しし》の咆哮《ほうこう》。傷ついた獅子の憤怒の叫び。

外からこの光景を見たとしたら、なにも「激しい」ものはないかもしれません。パリのモンパルナスの外れの粗末な狭いアトリエ（いまもそのまま残るその建物の前の歩道にわたしも佇《たたず》んだことがありますけれど）のなか、スイス人のアーティストの画架の前で、ひとりの日本人が身動きせずにポーズをしているだけ。だが、それは「終わりなき探求」の場。けっして完成しない、あるいは本質的に不可能なことへの挑戦。でも、ジャコメッティ自身のことばでは、それは、とてもかんたんで、「見える通りに描く」こと。

それなら写真を使えばいい、と君が思ったとしたら、それは間違いです。実際、矢内原自身が、この本のなかで、雑誌の表紙になった女優の写真を見ながら、ジャコメッティが「これは嘘《うそ》だ、人間の顔はけっしてこんなふうに見えはしない」と言って、もっていた万年筆で写真を修正したエピソードを紹介しています。

正解のない問いを問う

問題はじつはきわめて複雑です。二次元の平面の上に、絵の具によって、三次元（あるいは、ひょっとしたら、時間もあるのだから、それ以上の次元）の「顔」の「出現」を描かなければならない、というより、もはや描いて「像」を得るのではなく、その出来事が画面の上に「起こる」のでなければならないのです。

もうひとつ引用しましょうか。

彼をいちばん苦しめたのは鼻だったが、ことにこの立錐体《りっすいたい》の小さな底辺、つまり鼻孔のある部分の傾斜だった。不幸なことに、彼とぼくとの距離は、鼻孔が見える程度に近かったのである。ほとんど場所のない部分に垂直の奥行を与え、そのうえそこに二つの孔《あな》を描かなければならないのだ。何時間も何日もそれにかかずらったあげく彼は言った。「鼻孔を描いてはならないのだ。なぜならそれは孔であり、空虚なのだから。鼻そのものの構築ができれば鼻孔は自然にやってくるにちがいない、その前にありきたりの輪郭を描いてはすべてが嘘になる」と。

つまり、ジャコメッティは、かれのことばで言えば、「ありきたりの輪郭」を描くのではなく、「そのものの構築」を行なおうとしているということになるでしょう。「輪郭」を描くような極細の筆を使って、しかし「構築」、存在の「構築」を行なおうとする。そしてそれを通して、「鼻」が自然にやってくるように描こうとするのです。

では、どうしてかれはそのような「描く」を求めるのか。これは、けっして一般的な「見える通りに描く」ではありませんよね。でも、そのように「描きたい」というかれの独自の感覚は真正です。そこには「嘘」がない。かれは、自分の感覚に対して、絵画が「嘘」にならないように、あくまでも「真実」であることを追求するわけですが、そうすると、必然的に「見る」ことを問い、「描く」ことを問い、最終的には人間の「顔」がそのように空中に存在し出現すること自体を問うように「描く」しかないことになり、しかもその「問い」はけっして終わらないということになるのです。

学校という場にいると、いつもあらかじめ用意されている「正解」に辿り着くように強要されるわけですが、人にとっていちばん大事なことは、「正解」が与えられていない、あるいは「正解」がない「問い」を問うことです。もちろん、ただいたずらに、「問い」を発すればいいというものではありません。あくまで自分の、自分だけの「感覚」から出発して、自分にとっての真正な「問い」を問うことが大事です。そのような「問い」を生きることは、どうしても「激しさ」を伴う。なにしろ「正解」がないんですから。でも、問わずにはいられないですね。このことは、人間にとっての普遍的な「真実」であって、それは自然科学の最先端でも、スポーツの最前線でも、あらゆる分野に共通することとわたしは思っていますが、しかし芸術こそ、個人の特異な「感覚」に全面的に依拠しているという点において、もっとも純粋な形でこの「真実」を見せてくれるのです。たとえば、ここでのジャコメッティの「問い」は、この世界のなかにひとりの人間が一個の「顔」として出現しているという、誰にでもアクセス可能な「感覚」から出発して、それを「問う」ことを実践している。そこに「芸術」のもつ深い「意味」のひとつがあるのです。

だから、わたしの場合はたまたま『ジャコメッティとともに』との出会いが決定的だったのですが、かならずしも君にこの本を読んでほしいと思っているわけではありません。ジャコメッティは、同時代のジャン＝ポール・サルトルやジャン・ジュネといった多くの哲学者／文学者たちとも深い交流があったわけで、とても深く一九五〇年代、六〇年代のパリの文化のあり方と通底しているところがある。だからこそ、日本で哲学を学んでいた矢内原伊作もかれに会いに行ったわけです。そして、わたしもまた、「実存主義」と呼ばれていたこの思想的な文脈においてこそ、この本に惹かれていったわけなので、すでにそれから半世紀も経ってしまった現時点で、この本の世界が、はたして君の「感覚」と呼応するのかどうか、わたしは正直、自信がありません。

でも、わたしは、君に、君の時代に、君の未来の生に通じるようなひとりの人間の創造的な「激しさ」の「現場」に触れてもらいたいと願うのです。ひとりの人間が、その個性のすべてを賭けて、自分の「感覚」を貫こうと生きる「現場」を、一度は、知ってもらいたい。もちろん、その人が実現した作品を知り、それに触れることは大事です。でも、それ以上に、そのような作品がどんな生々しい、激しい日々の「現場」から生まれてくるのかを見届けて欲しいのです。

終わりなきパリ

こう書きながら、わたしが気がつくことがあって、それは、わたしは、最終的にはきっと、作品そのものより、むしろそれが生み出される生の「現場」のほうを、(さあ、なんと言いましょうか?) 愛するのかもしれない、ということ。完成した作品もたしかにすばらしいのだが、それ以上に、それを生み出す過程のカオス的ですらあるようなダイナミズムに魅惑されるということ。そこにこそ「人間」という存在の本質が見えるような気がするからです。あえて乱暴に言い切ってしまえば、どんな生も本質的に未完成なのです。その本質的な未完成性を毎瞬、生きること——それこそが「激しさ」です。

その意味で、わたしは、若いときから、圧倒的な作品を作り出す作家や芸術家の日記や書簡などを読むのが好きでした。いくつか例を挙げるなら、ヴァン・ゴッホの書簡集やポール・セザンヌの書簡集、フランツ・カフカの書簡集や日記、あるいはパウル・クレーの日記などなど、多くはアーティストないし作家、詩人たちですが、多くの人の創造の「現場」をのぞきこむように読んできたのです。そうすると、かれらの作品をただ読み、見ているときにはわからないような、さまざまな「激しさ」がそれぞれの「現場」を貫いていることがわかります。それは、多くの場合、「苦悩」であり、「絶望」であり、しかし同時に、それでもなお止むことのない「追求」、けっして「希望」を捨てない努力です。そこに、わたしは人間という存在のほんとうの、ということはけっして世俗の利益などには妥協しない純粋な「高貴さ」を見出す。それが、わたしも、——そのような人びとの「激しさ」に自分がまるで追いつけないと感じつつも——「人間であること」の「誇り」を与え返してくれるのです。

だから、わたしの願いは、君が君だけのアーティストをひとり見つけてほしいということ。

政治家も企業家も、あるいは農業従事者も会社員もみなさん、同じような「激しさ」を備えているかもしれない。でも、アーティストは、純粋に自分の「感覚」からだけ出発していま す。それが重要なのです。その「感覚」に君自身の「感覚」を通じ合わせることができるようなひとりのアーティスト、それが音楽家でも画家でもダンサーでも映画監督でもいいのです、それを見つけてほしい。それは君の人生の生涯の「伴侶」となると思います。

となれば、わたしとジャコメッティとの「出会い」の後日談をちょっとだけ語っておきましょうか。それは、もうわたしが四〇代の半ばくらいになっていたころだったか。たまたま知り合いの銀座の画廊を訪れたとき、そのオーナーが、こういうのがあるよ、ととりだしたのが、大きな重い箱。そのなかには、なんと一〇〇枚ものジャコメッティのリトグラフが詰まっていた。かれが最晩年に制作した『終わりなきパリ』でした。なかを見せてもらうと、つぎつぎと現われるパリの街角の風景、カフェの光景、人物のスケッチ、博物館の骨格標本……自然と涙が流れました。パリ！　そしてジャコメッティ！——これこそ、わたしの人生の道標だった！　わたしはこれを生きようとしたんだ！　それは「終わりなきもの」！　いつまでも続くはてしない「街路」！　わたしはそこを歩いているんだ！　と。出会ってしまった以上、もう、このリトグラフ集を離すことはできません。もちろんとても高価で、ふつうの新車なら二台も買える値段。わが人生でいちばん高い買物。た。でも、躊躇《ちゅうちょ》はなかった。「あとで振り込みます」とオーナーに言って、そのまま箱ごとかつぐようにしながら、地下鉄で帰りました。幸福でしたね。

もちろん、いまも、わたしの自宅の居間の壁には、『終わりなきパリ』のリトグラフの一枚ないし二枚が掛かっています。わたしはいつまでも「ジャコメッティとともに」生きているのです。

間奏曲1　何のために「学ぶ」のか

　中学生のみなさん。といっても、誰の魂のなかにも生き生きと保持されている〈中学生〉――つまり、自分を包んでいた、家族関係中心の保護膜のような繭が割れて、この広い世界のなかで、自分がひとりで生きている、生きていかなければならないのだと思い知るという、人生の決定的なステージの転換期を生きている人こそ、わたしが〈中学生〉と呼ぶもの――に向かっての呼びかけです。

　わたしがつくりあげた神話的なイメージによると、この〈中学生〉、ある日、たとえば学校に通う路の途中、何気なく見上げた空の青さにどっきり心奪われて放心、言いようのない感情に襲われます。ひとつは、孤独と言いましょうか。世界はこんなにもわたしに無関心だ、この限りない無関心の世界を自分はひとりで生きていかなければならない、というもの。理由のない悲しみ、むずかしいことばで言えば、「寂寥《せきりょう》」というやつですかね。

でも同時に、もうひとつ、理由のない歓びもある。ほかの誰でもなく、自分がここにこう生きてある、という純粋な歓び。この両極端の感情に襲われて〈中学生〉はほとんど涙ぐむ。でも、これは理由のない感情なので、本人もどうしてこうなったのかわからない。で、わからないものは、忘れてしまうのがいちばん――というわけで、記憶からすっぽり落ちてしまう。

「何のために「学ぶ」のか」という問いを説明しようとして、わたしがまず思い浮かべるのは、こういうファンタジーのような場面ですが、それは、ここにこそ、問いへの「応答」がひそんでいると思うからです。どういう意味か。それは、ここに、人間にとっての「学ぶ」ことの「根拠」があるから。つまり、わたしにまったく無関心にあるこの世界を、わたしは、それでも知り、学び、そして愛するのでなければならない。それが、人間としてこの世界に生きるある種の「義務」だということ。間違えないでくださいね、これは、誰かから押しつけられたものでもなく、誰かのためのものでもなく、この世界にわたしが生きることと一体となった「義務」なのです。

そう、わたしが言いたいのは、何かのために「学ぶ」のではないということ。それは、「何かのために」などということよりも深い、もっと根源的なことだ、と。高校に入るために？　大人になるために？　これこれができるようになるために？……全部、嘘《うそ》。強いて言うなら、あなたが世界を学ぶのは、あなたという存在のため、世界という存在のため、そのふたつの存在のあいだに、素晴らしい関係が生まれるため以外ではないのです。

ひとつ例をあげましょうか。「三角形の内角の和は一八〇度である」とたぶん小学校の算数でならったはず。これを「学ぶ」のは何のためなのか。もちろん、「三角形のため」に、です。とがったのも、ぺちゃんこなのも、正三角形も、ピタゴラス君が愛した直角三角形もすべて「内角の和は一八〇度」――無限に多様な三角形を貫いてひとつの関係が恒等的に保持されている。個別の三角形を見ているだけではけっしてわからなかった三角形という存在が、見えてきます。三角形が、ひとつの「本質」によって照らされているのがわかる。三角形は美しい……そして、君は、今後、ずっと三角形を「愛する」！　ことができるようになる。

世界のどんな微細な部分にも同じことが起こります。一枚の落ち葉、細胞のひとつ、物質のかけら、人間がつくり出したもの、行なったこと、……世界のどんなものも、恒等的な関係、秩序、原理、意味を隠しもっている。そして、それは、君自身もまた同じです。徹底して無関心な世界と孤独な〈中学生〉の無関係の関係に、なにかが起こります。「学ぶ」ことによって、「無関係」が、「本質」、「理解」、「美」、さらには「愛」ということばがカヴァーするような「かかわり」へと変化するのです。世界を生きることが「感動」へと変わる。その「感動」のために、ひとは「学び」続ける。それこそが、この世界で生きることのもっとも根源的な「意味」なのだと、わたしは思います。

『ちくま』二〇一五年二月号より

第2部

君のために

間奏曲2　幸福のレッスン――モーツァルト「魔笛」

オペラにようこそ。

ひょっとしたら生まれてはじめてオペラ体験をしようとしているかもしれない君、そう、たとえば一六歳前後の君に、「魔笛」という素晴らしい世界をすこしだけご案内しようと、今年六八歳のわたしがガイド役をかってでました。老人のお節介？　でもね、「新しい世界」を味わうためには、ガイドが渡してくれる「鍵」が役に立つこともある。そんな「鍵」はいらないさ、自分で発見できるもん、という人は以下の文章を読まなくてもいい。わたし自身はそういう生意気な若者、とても好きですけどね。

で、読みつづけてくれる君にすぐに言っておくけど、わたしは、べつに音楽やオペラの専門家ではない。一七九一年に初演されたモーツァルトのこの「オペラ」、とても不思議な作品で、解説するべきことは山ほどあるけど、そんなことは（とりあえず）どうでもいい。わたしが君に渡したい「鍵」はただひとつ、「愛」。ここで笑ってはいけない。

なぜなら、わたしは、「絶海の孤島にただひとり置き去りにされるなら、どんな本（作品）をもって行きますか？」というむかしからのよくある問いを問われたら、迷うことなく、「魔笛」です、と答える人だからです。わたしにとっては、「魔笛」は、それさえあれば生きていける、作品なのです。数あるオペラのひとつなんかじゃない、The Operaです。「世界」のThe Operaです。つまり、われわれが生きているこの「世界」の不思議なエッセンスがそこには凝縮されて詰まっている。その扉を開けると、たちどころに、「世界」の本質、「人間」の本質が音楽となって立ち昇る、まさに「魔法」の作品です。そして、——すでに結論の先どりですが——その「世界の本質」、「人間の本質」こそ、「愛」にほかならないのだと、「魔笛」は、高らかに告げているのです。わたしが君に渡したい「鍵」とは、この「愛」にほかなりません。

オペラには愛はつきものです。「カルメン」、「椿《つばき》姫」、「アイーダ」、「トスカ」、「蝶々《ちょうちょう》夫人」……オペラは愛を歌いあげます。多くの場合、それは「大人」の悲劇的な恋愛で、主人公はそれを限界まで生きる。そして、悲劇的な死を遂げる。そこで観客であるわれわれは涙を流し、カタルシスを得る。ところが、「魔笛」の「愛」はそうではない。もちろん、ここには「恋愛」もある。けれども、それはひとつではない。しかも、そのうちのもっとも主要な軸をなしている、タミーノとパミーナの「愛」にしても、そのはじまりは、なんとタミーノが、パミーナの「イメージ」を見て恋に落ちるというストーリー。二人はまだ出会っていないのに。おかしいですよね？　でも、そうでしょうか？　われわれは、たとえばメディア上のさまざまな「イメージ」に「恋」しないでしょうか？　こころを奪われないでしょうか？　つまり、「恋愛」というものの奥には、いつでも、相手を理想化した「イメージ」がつきまとってはいないでしょうか？　そう考えてみると、「魔笛」ははじめから、われわれの「恋愛」の「本質」をずばりとついてきているのかもしれないのです。

ついでに言っておくと、パミーナを中心にしてタミーノの反対側にいるのが、モール人のモノスタートス。かれは、第二幕で、パミーナに「キスしたい、ただそれだけだ！」と騒々しく歌うのですが、君のなかにだって、きっとゆるされてもいないのに、誰かに「キスしたい！」とわめく何者かがいるにちがいありません。そうでしょう？　人間というのは、そういう衝動を抱えているんです。

「魔笛」というオペラが舞台に拡げてくれる「世界」は、君の知らない、生きる時代もまったく違う外国の誰かの「恋愛」ドラマなのではなく、じつは、君自身の「こころ」

がそうであるような「世界」、「人間」ならば誰でも抱えている「こころ」の「世界」です。だから、「魔笛」を、タミーノとパミーナの「恋愛」ドラマで、ほかの登場人物はその傍役《わきやく》にすぎない、と思って観ないほうがいい。むしろ逆に、君自身の「こころ」のなかに、タミーノもパミーナもモノスタートスもパパゲーノもみんないるんだ、みんな「分身」なんだ、と思って観るほうがいい、とわたしは思いますね。

愛するとはどういうことか?

自分の「こころ」のなかに、どういう「分身」がいるのか、それをちゃんと認識することはとても大事です。とくに、一六歳前後の君、ちょうど「子ども」から「大人」へと——一生に一度きりの——決定的な転換期、いわゆる「思春期」にさしかかっている君にとっては。そして同時に、その時期にこそ、どうしても学ばなければならないことがあって、それこそが「愛」なのです。つまり、「ひと（他者）を愛する」ということがどういうことか、ほんとうに学ばなければならない（でもけっして学校ではそれを学ぶことはできません）。それが大人になるということだからです。そしてそれこそが、「幸福」を学ぶことだからです。

「魔笛」は、その意味では、「幸福」のレッスンのオペラです。このオペラのもっとも魅力的な登場人物は、間違いなく「鳥刺し」のパパゲーノでしょう。かれは、両親が誰かもわからない、野山で鳥たちとともに生きている野生児、「大きな子ども」です。そのかれも、異邦からやってきたタミーノとともに、「愛」を学びます。でも、このオペラを通して、いちばん苦しい「学び」をするのは、パミーナです。「愛を学ぶ」——ことばで言うのはかんたんですが、それがどれほど苦しいことか、パミーナの「こころ」の「苦しさ」に思いを寄せられないようだと、じつは、君はこのオペラをすこしも観ていないことになってしまいます。なぜなら、このオペラが、きわめて鮮やかに告げている恐ろしい「真理」があって、それこそ、「ほんとうの愛に目覚めるためには、母親の〈愛〉から脱しなければならない」ということだからです。

母親が注いでくれる一方的な「愛」を享受して、そのなかで遊んでいるのが「子ども」です。そのままでは、他者を「愛する」ことはできない。他者を「愛する」資格がない。他者を「愛する」ことができるためには、一度は、母親の無限の「愛」から抜け出て、自分を他者へと開いていくのでなければならない。だが、誰にとっても、「母なる存在」ほど、美しく、強力で、おそろしいものはありません。それが、このオペラの

「夜の女王」です。それは、「母」の「本質」の形象です。わたしが知るかぎり、「母」の「本質」をこれほど鮮やかに美しく形象化したものはない。「魔笛」は、この「母」の悲鳴のような「本質」が、二度にわたって、まるで夜の雷鳴のように、響きとどろくオペラ。それがどれほど圧倒的か。

そして、「母」というこの圧倒的な美しい「魔力」を超えていかなければ、ほんとうに他者を「愛する」ことはできないのですよ、とこのオペラは告げているのです。「魔笛」というオペラは、ほんとうはおそろしい。というのも、この「母」を超えていくためには、「子ども」は、一度は、「死」を通過しなければならない、自分のなかの「子ども」の「死」を通っていかなければならない、と言っているからです。

大人になるとはどういうことか?

すなわち、試煉《しれん》。「イニシエーション(通過儀礼)」と言ってもいいでしょう。そう、「魔笛」は、古代から多くの部族が一六歳前後の若者たちに課していた、「子ども」から「大人」へと通過するための「試煉」のオペラなのです。

オペラは、二幕構成です。第一幕は、タミーノ、パミーナ、パパゲーノという三人のザラストロという賢者が支配する「大人の世界」、「法の世界」の入口に到達するまでです。そして、第二幕は、その世界にほんとうに受け容れられるために、それぞれが「死」の「試煉」を経て、「大人」になるというドラマです。

本来なら、このようなイニシエーションでは、きわめて苛酷な肉体的な「試煉」を通過しなければなりません。実際、ここでも、「沈黙」の「試煉」とか、「火」と「水」の「試煉」とか、いろいろ厳しい課題が課されています。

でも、「魔笛」というオペラが最終的に言いたいことは、ただひとつ、「子ども」の世界、その魔法的な世界の「本質」を保持したままで、それらの「試煉」を楽々と超えていけるんだよ、ということ。これは驚くべきこと。いいですか、「子ども」から「大人」になるということは、がんばって努力して「大人」たちの「規則」をただ覚えこむことじゃないんだよ、「子ども」の世界を満たしていたあの「魔法」を、すべてひとつの「笛」に、ひとつの「鈴」に変えて、それをこころのなかに高くもっていくことで、幸福に「大人」の世界を生きていけるんだよ、なぜならその「魔法」のなかでは、すべてのものが「愛」に満ちて、ゆるされていて、共存できるから。そして、これこそが、まさに「音楽」というものの力なのさ、と「魔笛」は高らかに宣言しているのです。

こうして、君は、なぜこのオペラの全体を通じて、「三人の子ども」が空中から現れて、タミーノたちのガイドの役を果たすのかを理解することができるでしょう。

いや、それ以上に、なぜ、わたしが、まさに「一六歳前後の君」に向かって、このテクストを書こうとしたかをわかってくれるでしょう。そう、このオペラは、君のためのオペラなんです。「子ども」から「大人」へと通過する時期を生きる君のためのオペラ、君自身のオペラなんです。だから、君は、この時期にこのオペラと出会えた幸運を喜ばなければならない。このオペラこそ君の「イニシエーション」にとっての「魔笛」そのもの。これからの君に現実的な「試煉」はいろいろと襲いかかってくるだろうけど、だいじょうぶ、この「魔笛」の笛の音色を思い出しさえすれば、生きていける！　とむかしもいまもパパゲーノのままのわたしが保証します。

でも、こんなわたしの戯言は忘れてしまっていい。大事なことは、「聴く」こと。すべては音楽。ほら、もうすぐ序曲。出だしのファンファーレが鳴り響きますよ。耳を澄ませて！　すると、奇妙なことに、この序曲までもが二部構成になっているのがわかるはず。モーツァルトは、すべてを作曲したあとに、最後にこれを作曲しました。だから、これは、作曲家自身による「魔笛」のエッセンスで、ちゃんと二幕に対応している。すると、前半部のにぎやかな調子とちがって、後半部では、物悲しいメロディーが入ってくるのが感覚できるはず。

そう、世界はふたつの異なる原理からできている。「夜」と「昼」、「月」と「太陽」、「自然」と「理性」、「感覚」と「言語」……それらが交替し、入れ替わりしながら、われわれの「世界」ができている。けれども、こうした対のなかで、もっとも身近で、もっとも強力なのが、「男」と「女」。なぜなら、このふたつのあいだには、たんなる「交替」や「補完」ではなくて、「愛」があるから。

第一幕でパミーナとパパゲーノが歌います、「男と女、女と男は、神にまでいたる」と。これが「魔笛」の主題です。それを、君は、頭ではなくて、「こころ」で聞きとらなければならないのです。

先入観を全部捨てて、くつろいで「こころ」を開いて、素晴らしい音楽と舞台を楽しんでくださいね。

「君自身のオペラへ――「魔笛」ワールドへのご案内」
「魔笛」ニッセイ劇場開場55周年記念公演（二〇一八年）パンフレットより

第5章　死んではいけない――ヴィクトール・フランクル『夜と霧』

人間であることを学ぶ

第二部です。その冒頭に、わたしが二〇一八年に日生劇場でのオペラ「魔笛」公演のパンフレットのために書いたテクストを、「間奏曲」として載せました。というのも、モーツァルトが人生のほとんど最後に作曲した「魔笛」というとても楽しいオペラこそ、君たちのような若い人びとが「大人になる」、いわゆるイニシエーション（通過儀礼）の作品なのだということを、そこで君に向かって語りかけているからです。それと同じ心をもって、この第二部の幕をあけたいのです。

第一部は、わたし自身が、若くて、君と同じ年ごろだったころに、本についてどのような経験をしたのか、を語ろうとしました。それもなくて、ただある種の「権威」として、偉そうに、君に本を薦める態度をとりたくなかったからです。まずは、わたし自身が、本とどういうつきあいをしているのか、それをわかってもらった上で、わたしの言葉を読んでほしいと願ったわけですね。

もちろん、おなじ路線を続けることもできるかもしれません。これまでとりあげた本以外にも、たくさんの本と出会ってきたわけですから、記憶に強く残っている本を一〇冊ほど推挙するのは、それほどむずかしくはない。でも、それでは、本とともに歩んだわたしの人生を追想するだけに終わってしまいかねません。だから、ここでは発想を逆転してみようと思いました。

つまり、本を選んで、それを推薦する文を書くのではなく、わたしが、いま、どうしても君に語りたいテーマを先に設定して、そのために本を選んでみるということです。それは、わたしが文章の宛先として想定している君が、一〇代の後半、つまり思春期と呼ばれるような年ごろの若い人だからです。子どもから大人になる時期、ここを通過して社会という共同体の成員になるという時期です。イニシエーション（通過儀礼）とは、その「通過」を試す試験、いや、試煉《しれん》の儀礼にほかなりません。

人間は、ほかの動物に比べると驚くべく未熟な状態で生まれてきます。生まれてすぐに自分の脚で立って動ける動物がほとんどなのに、人間は、生まれてからも何カ月も母親の腕に抱かれ乳を吸わないでは成長できない。歩行できるようになってからも、言語を習得し、さらには社会のさまざまな規則を学ばなければならない。人間は学びに運命づけられている、人間は「人間であること」を学ばなければならないのです。これこそ本質的なこと。このことをほんとうに学び、理解することが重要です。なぜなら学びは一生続くべきものなのですから。この「学びの学び」さえ理解したのなら、あとの学びは必然的に派生してきます。

ついでに言っておくと、本とは、まさにこの一生続く「人間であること」の学びのためのものなのです。いいですか、本から学ぶのは、知識なんかじゃない。そんなものどうでもいい。学ぶべきことは、ただひとつ「人間であること」、それをすでに「人間」である君が果てしなく学び続ける。それだけが人間にとって唯一のほんとうの「義務」なのです。

さて、この「人間であること」のいわば原光景を、本書の第一部では、「孤独」ということばで言いました。そして、それは、「この世界、この宇宙と、一個の人間である君が向かい合うということ」（第2章）だ、と。「孤独」こそ、「人間であること」を学ぶ出発点なのだ、というわけです。

で、この第2部では、この出発点からどう出発するか？が問題です。そのとき、すぐにわたしが思うのは、どんな出発も（それが真正なものであるなら）かならず危険（リスク）があること。「人間であること」の学びは、すでに述べたように、知識の習得ではなく、かならずや実践へと開かれたものであるので、どうしても危険が避けがたい。ちょっとした間違いで、危ない道に踏みこむことが起こりうる。ほんとうの「学び」には危険がある。でも、「危険」のうちにこそ、知識などには還元できない「学び」があるのです。危険はもちろん、最小化しなければならないが、しかし向かい合わないわけにはいかない。となると、(それなりに長い時間を生きてきたので)その重大さがわかっているわたしは、ここで、いま本質的な孤独を引き受けようとしている君に、アドヴァイスというか、少なくとも案内標識のようなものは差し出しておかなければ、というお節介に走るわけです。それが第2部を貫く意図です。

最初に、その「案内標識」をまとめて出しておくなら、

第一の標識　「死んではいけない」
第二の標識　「性こそもっとも重要な人間の本質」
第三の標識　「他者とともに生きなければならない」

となるでしょうか。

さみしさから逃げてはいけない

まずは「死んではいけない」。

孤独の最大の危険は死です。第1部では、「孤独」という言葉をポジティブな意味で用いていました。それは、広大な世界（宇宙）とほんとうに些少《さしょう》な一個の人間が向かい合うことでした。ここで重要なのは、「向かい合い」です。無にひとしい一個の人間が、それでも無限の宇宙と「向かい合う」ことができるというところに「意味」があるわけでした。

ところが、もしこのすさまじいほどの緊張関係がなくなってしまうと、途端に、「意味」がなくなってしまいます。人間は、ただ無限の世界のなかの、あってもなくてもかわらない、とるに足らないネガティブな「無」。ならば、こいつに死を与えてほんとうに消滅させてしまってもいいのではないか。いや、そうすれば、自分が抱えているこの苦しみ、さみしさから逃れられるのではないか——なまじ思考できるがゆえに、そのような論理を走らせる、それに自分を巻き込ませてしまうということが起こるのです。

いや、それは、たんに論理的な可能性としてあるというのではなくて、ある意味では「意味」なるものの裏側のようなもので、「意味」を追求しようとすればするほど、かえって逆転的に、それこそが究極の「意味」であるかのように思えてくる。しかも生きている以上「死」だけは知らない世界ですから、未知の世界への誘惑もある。「死」に魅せられるということがあるのです。ひょっとしたら、それは、人間にとってもっとも強力な誘惑かもしれない。

わたしはそれを知っている、と言いましょうか。いや、自殺しようと思ったことは、人生で、一度もありませんよ。でも、高校から大学にかけての「思春期」にいったいどれだけ(とりわけ若くして)自殺した人たちのドキュメントを読んだでしょうか。名前を挙げませんが、そのころ出版された、自殺した学生活動家や若い作家などの手記や日記をむさぼるように読んでいた時期がたしかにあったのです。そして、文学。文学を読むとかならず自殺にぶつかる。日本の近現代文学の歴史は、二五歳で命を絶った北村透谷からはじまり、三五歳で死んだ芥川龍之介《あくたがわりゅうのすけ》、四五歳で心中した有島武郎、三八歳で同じく心中した太宰治、『二十歳のエチュード』を残して一九歳で死んだ原口統三……等々とまさに「自死」のオンパレード。その行進が、わたしの大学生時代に起きた、最大級に衝撃的な二つの死、つまり四五歳の三島由紀夫の切腹による自殺(一九七〇年)とノーベル賞を受賞した七二歳の川端康成の自殺

（一九七二年）によって頂点に達すると言ったらいいでしょうか。でも、逆に、この最後のふたつの死によってこそ、わたし自身の心のうちにあった自殺へのロマンティックな憧憬のようなものは完全に消滅したのでもあったのですが。

それでも生に〈はい〉と言う

さて、またしても前置きが長くなりましたが、それでは、「死んではいけない」というメッセージを、君に贈る＝送るために、わたしはどういう一冊をもってくるのか？

いろいろな本が候補として浮上しましたが、迷ったあげくに、やはりこれにします。

ヴィクトール・E・フランクル『夜と霧』（新版、池田香代子訳、みすず書房、二〇〇二年。わたし自身が若い時に読んだのは、一九五六年刊行の霜山徳爾《とくじ》訳の旧版でした）。

フランクルは、オーストリアの精神科医／心理学者。ユダヤ人であるため一九四二年から一九四五年の終戦まで、テレージエンシュタット、アウシュヴィッツ、テュルクハイムなどナチス・ドイツが設けた強制収容所に収容されていた。その体験を基にして書かれた本書は多くの言語に翻訳され、二〇世紀で世界的な影響を与えた本の一冊として広く認識されています。

わたしが、この本を選んだ理由はただひとつ。人間が人間として扱われず、毎日毎日一椀《ひとわん》のスープとわずかなパンの塊だけで苛酷な強制労働をさせられ、しかもいつ大量殺戮《さつりく》のためのガス室へと追いやられるかもわからないという、これ以上ない非人間的な状況のまっただなかで、しかし「人間であること」の「意味」を、ひとつの「希望」として貫き、そしてついに「生き延びた」人間の「思考」だからです。なにしろ、原題は、「… trotzdem Ja zum Leben sagen」（……それでも生に〈はい〉と言う）ですから。そう、わたしは、君に、君がたとえどんな苛酷な、不幸な状況にあるのであっても、君自身のかけがえのない「生」に対して〈はい〉と言ってほしい。この肯定の力を学んでほしいと願うのです。

ヒットラーのナチス国家によるユダヤ人の絶滅のオペレーション、いわゆるホロコースト。同じ人間、しかも同じ言語を話す同国人ですらある人間に対して、ユダヤ民族であるという理由だけで、いっさいの人間性を奪いとって、辱め、暴力を加え、きわめて機械的な仕方で大量に殺戮する。人類の長い歴史を経て、ようやくまさに「人間であること」に目覚め、誰もが「人間であること」を認識したとも言える西欧の近現代において、このような暴力が国家によって組織的に遂行された、この衝撃は大きい。絶望的に大きい。

なにしろ、「ユダヤ人であること」だけで、迫害され、殺されたわけですから。これを思うと、（わたしがここで言っている）「〇〇であること」の「意味」という定式がどれほど危険かと、思わないわけにはいかない。それこそ、人間にとって、「諸刃《もろは》の刃」であるということを、おののきとともに考えないわけにはいかない。

でも、ナチスは、「ユダヤ人であること」をまったく学びませんでした。そうではなく、それをあらかじめあるものとして利用した。ユダヤ人に「ユダヤ人であること」を与え返すのではなく、それを奪い、その存在を殺し、抹消した。何のためだったでしょうか？「ドイツ人であること」を打ち立てるためです。「ドイツ人であること」の「意味」を、他者を犠牲にすることで、得ようとしたのです。

まちがっています。はっきりと「まちがっている」と言わなければなりません。

他人の存在を奪うことによって、自分の存在の「意味」を得ようとするのは、まちがっています。人間にとって、これ以上の「まちがい」はないかもしれません。でも、「まちがい」、つまりよくある「まちがい」なのです。ということは、いつでも、誰でもこの「まちがい」を犯す可能性がある。これは、二〇世紀前半のドイツという国で起こった他人事《ひとごと》などではない。われわれの国でも、どこでも、強力な支配的な権力が、国家や民族といった集団的アイデンティティを過度に確立しようとして、ある種の妄想的「倒錯」に陥ると、こうした犯罪的「まちがい」に突入してしまい、一度、突入したら、そこから戻ってくるのがきわめて困難になるのです。

その意味で、この新版の「訳者あとがき」で池田香代子さんが指摘していますが、旧版では、「ユダヤ」や「ユダヤ教」という言葉が「ただの一度も出てこない」ことはきわめて重要かもしれません。（新版では、ただ二カ所、収容所が解放された後の「後日譚《たん》」として、「こっそりポケットマネーからかなりの額を出して、被収容者のために近くの町の薬局から薬品を買って来させていた」収容所の所長を、ユダヤ人の被収容者たちがアメリカ軍からかばうという文脈で使われているだけです）。つまり、フランクルは、ナチス・ドイツの非道の暴力によって人間性を奪われた「ユダヤ人のわたし」という単一の視点ではこの本を書いていないということ。もちろん、すべての前提となる収容所での「体験」は語られているし、著者自身が冒頭で、「これは事実の報告ではない。体験記だ」と言っているのですが、それはたとえばつぎのようなきわめて客観的な、ということはつまり、知的な分析を経た記述です。冒頭の部分から一カ所引用しておきます。

たとえば、近く被収容者が移送される、一定数の被収容者が別の収容所に移されるらしい、と聞いたとする。わたしたちは、それはまやかしだ、と考える。なぜなら当然、その移送とは「ガス室送り」だと、選ばれるのは病人や衰弱した人びとで、労働に適さない被収容者が、ガス室と火葬場をそなえた中央の大きな収容所で抹殺されるために淘《と》汰《た》されるのだ、と憶測するからだ。とたんに、すべての人がすべての人を敵に回した抗争が、グループ同士の抗争が始まる。一人ひとりが、自分と自分の親しい者たちが移送されないよう、移送リストから「はずしてくれるよう嘆願する」ことに、ぎりぎりの土壇場まで死にものぐるいになる。だれかが抹殺をまぬがれれば、だれかが身代りになることははっきりしていた。この際、問題なのは数だけ、移送リストをみたす被収容者の数だけなのだ。一人ひとりはまさにただの数字であって、事実、リストには被収容者番号しか記入されなかった。

この章は「上からの選抜と下からの選抜」という題がつけられています。管理者による被収容者の抑圧だけではない、それは同時に、被抑圧者の集団のなかに「死にものぐるい」の抗争を引き起こす。なぜなら生死がかかっているからです。抑圧された集団が、その内部に、さらに激しい抑圧、抗争を引き起こし、わずかな差を見つけて、本来はおなじ「仲間」である者に暴力を加える、そのメカニズムを、フランクルはここで冷静に記述しています。感情的な表現にはけっして訴えない。ドラマティックな演出も行なわない。「119104」という番号に還元されてしまった被収容者が、それでもあくまでも「ひとりの心理学者」として、この最悪の状況における、ユダヤ人ではなく、一個の「人間」としての「意味の探求」を記述しようとしているのです。三年に及ぶ収容所でのこのあまりにも悲惨な生を通して、それでも「人間であること」を探し、学びつづけるのです。

一本のマロニエの木

人間の極限状態におけるフランクルのこの「学び」が、どのように進展して行くのか、それは、君自身が、まったく感情に崩れることのない、その簡潔な記述から、ひとつひとつの状況のあまりにも残酷な現実を、精一杯想像しながら読んでいくことで、知ってもらうしかない。その大事な途中をカットして、この「学び」の到達点の方へと急行してしまうことに、わたし自身、いくらかのモラルのためらいを覚えないわけではないのですが、しかしその要点だけは、ここに指示しておかないわけにはいかないでしょう。

たとえば次のような一節——

そこに唯一残された、生きることを意味あるものにする可能性は、自分のありようががんじがらめに制限されるなかでどのような覚悟をするかという、まさにその一点にかかっていた。被収容者は、行動的な生からも安逸な生からもとっくに締め出されていた。しかし、行動的に生きることや安逸に生きることだけに意味があるのではない。そうではない。およそ生きることそのものに意味があるとすれば、苦しむことにも意味があるはずだ。苦しむこともまた生きることの一部なら、運命も死ぬことも生きることの一部なのだろう。苦悩と、そして死があってこそ、人間という存在ははじめて完全なものになるのだ。

「およそ生きることそのものに意味がある」——強い言葉です。あえてここで問いましょう。「では、それはどのような「意味」だと、君は思うか?」——そう問われたら、わかりますか? 「意味」は、君とは別に、あらかじめ「ある」のではないですよね? では、どこから「意味」が来る? そう、君が「意味」を与えるのですよね? 君が君自身の生に「意味」を、たとえそれが、他者の目から見たら、どれほど些細《ささい》な、わずかな、ほとんど「無意味な」ものであるようでも。「意味」は、ほかの誰でもない、君が与えるのです。「意味」とは、君と君の生のあいだにある「関係」なのです。

おなじ言い方ではないけれど、フランクルもおなじことを言っています。たとえば、かれは、「つまり人間はひとりひとり、このような状況にあってもなお、収容所に入れられた自分がどのような精神的存在になるかについて、なんらかの決断を下せるのだ」と言っています。

そして、このようないささか抽象的な記述だけでは少し足りないと判断したのか、このあとに、強制収容所で亡くなる若い女性との死の数日前の会話を思い出している。それは、この『夜と霧』という重い、苦しい本のなかを吹き抜ける一陣の風のような物語、フランクル自身が「単純でごく短いのに、完成した詩のような趣き」があると言うとおりです。一瞬、「霧」が晴れて、すると一本の木が見える。この「詩」を、わたしは引用しないではいられない。

この若い女性は、自分が数日のうちに死ぬことを悟っていた。なのに、じつに晴れやかだった。

「運命に感謝しています。だって、わたしをこんなにひどい目にあわせてくれたんですもの」

彼女はこのとおりにわたしに言った。

「以前、なに不自由なく暮らしていたとき、わたしはすっかり甘やかされて、精神がどうこうなんて、まじめに考えたことがありませんでした」

その彼女が、最期の数日、内面性をどんどん深めていったのだ。

「あの木が、ひとりぼっちのわたしの、たったひとりのお友だちなんです」

彼女はそう言って、病棟の窓を指さした。外ではマロニエの木が、いままさに花の盛りを迎えていた。板敷きの病床の高さにかがむと、病棟の小さな窓からは、花房をふたつつけた緑の枝が見えた。

「あの木とよくおしゃべりをするんです」

わたしは当惑した。彼女の言葉をどう解釈したらいいのか、わからなかった。譫妄《せんもう》状態で、ときどき幻覚におちいるのだろうか。それでわたしは、木もなにかいうんですか、とたずねた。そうだという。ではなんと？　それにたいして、彼女はこう答えたのだ。

「木はこういうんです。わたしはここにいるよ、わたしは、ここに、いるよ、わたしは命、永遠の命だって……」

いいですか、この「マロニエの木」が、その「言葉」が、「生きることそのものに意味がある」というときの「意味」なのです。それは、彼女にとってだけの「意味」です。でも、その「意味」は彼女に、「永遠の命」を開いてくれる。このマロニエによって、彼女は、強制収容所という「ここ」、死の直前という「いま」が、しかし「永遠の命である」という「意味」だということ、それが、彼女自身の「人間であること」なのだ、ということを学んだのです。

　ここには、ユダヤ人という民族の存在も、被収容者という集団の存在もありません。「人間である自分」が「いる」だけです。「人間であること」を学ぶということは、いかなる集団でもなく、この孤独な一個の「人間」に、「自分」だけの仕方で、「尊厳」を与え返すということです。

　人間は、なんということ、「自己であること」をも学ばなければならないのです。

第6章　性とはなにか――村上春樹『ノルウェイの森』

で、第二の案内標識です。わたしからのメッセージの核は、「性こそもっとも重要な人間の本質である」ということ。それは、――なにしろ、人間がこの地上に生まれてくる「生殖」というメカニズムの中心なのですから――疑いようもなく、人間にとってもっとも大事な、もっとも深い領域であり、それを学ぶことこそ「大人になる」こと、「思春期」といわれる季節の最重要課題です。

その意味で、本書の「間奏曲」として取り上げたモーツァルトのオペラ「魔笛」の第二幕が、「パ、パ、パ、パ、パ……」とパパゲーノとパパゲーナのカップルから続々と「小さなパパゲーノ」、「小さなパパゲーナ」が生まれてくる陽気な二重唱で終わるのは当然です。だからこそ、これほど明快に「イニシエーション」の意味を歌いあげた作品はほかにはないということにもなるわけです。

「イニシエーション」とは、「通過儀礼」という意味ですが、同時に、ときには「秘儀参入」とも訳されます。つまり、秘密の「儀礼」に参加することをゆるされることです。性とは、まちがいなく、誰にでも開かれている人間の「秘密」の「儀礼」なのです。

「秘密」だからこそ、誰もそれを教えてはくれません。まちがえないでほしいですが、ここでわたしが問題にしているのは、「性教育」などということではありません。それは学校におまかせしましょう（日本の学校でそれが、いま、どのように取り組まれているのか、わたしはよく知りませんが、すくなくともわたし自身は、学校で「性教育」を受けた記憶がありません。忘れてしまったのかもしれませんが）。

もうひとつ言っておかなければならないのは、性というこの領域は、わたし自身には、いろいろな意味で「不得意科目」で、他者に向かってなにか言えるようななにものもないと思っているのです。でも、だからこそ、ほかの人が書いた一冊の本を通して、それでも君に、いま、性について学ぶべきことのヒントくらいは届けたいと思う。一〇代の君に向けて本を書いているのに、この本質的な問題を避けてはいけない、と。ある意味では、この章こそが、この本の「眼目」とならなければならない、と。でも、そう、考えれば考えるほど、どんな本をとりあげたらいいのか、さっぱりわからなくなる。

過去の一〇代のわたし自身をふりかえってみると、たとえばシモーヌ・ド・ボーヴォワールの『第二の性』（「女はつくられる」というその中心命題にはびっくりしましたね）とか、すでに述べたように、若いときに片っ端から読んでいた「世界文学全集」の、なかでもヘンリー・ミラーの『南回帰線』とか、思い出す本はあるのです。とりわけ、後者の、たしかピアノの個人教師との性の「イニシエーション」の場面などいまだに微かにイメージが記憶のなかに残っていることに気がつきます。でも、これらの本を君に薦めるか、というとなにか違う。いまの時代を生きる君に読んでもらおうという気持ちにならない。

しかも、現代では、いわゆるLGBTなど性的少数者の性のあり方にも社会的関心が集まり、「魔笛」が当然のように前提にしていた「男‐女」の対以外の性のあり方も認識されはじめている。さらに、――わたしはつい最近知ったのですが――X（LGBTのどれにも該当しない分類不能の性）、A（asexual といって、性そのものが「ない」、感じられなくて悩んでいる人たち）までいるということ。人類にとっての性が根本的に変化しつつあるのかもしれないと思ったりするのですが、それに対応する知見は、残念ながら、わたしにはない。つまり、性についてのわたしの思考そのものが時代遅れなのではないか、と思いつつ、しかしだからこそ、そのような現象としての性の多様性はいったん置いておいて、「性とはなにか？」という本質について、すこしでもヒントを差し出してくれる本はないだろうかと、自宅で、図書館で、書棚をながめながら何日も考えるのですが、お手上げ。これで行こう、という本を思いつきません。

　で、どうしたか？　本書は、――もうおわかりのはずですが――薦める本をじっくりと紹介することよりも、わたしが本を選ぶ楽屋裏のプロセスを前景化して書いていますね。じつは、本そのものより、選ぶわたしの「思い」のほうが重要だと思っているからです。で、ここでも手のうちを明かしてしまえば、ある日、ひらめきました。そうだ、自分が読んだ本のなかから選ぼうとするからだめなのだ、ほかの人に聞いてみたらどうか。それも、わたしより圧倒的に若い人たちに聞いてみたらどうだろう、と。こうなると、大学の教員は便利です。さっそく、わたしが長年つとめた東京大学大学院総合《そうごう》文化研究科で教えたことのある旧学生・現学生、現時点で二五歳から三五歳くらいの人たち六名（大学の教員三名、博士課程院生二名、修士課程院生一名）に次のようなメールを送りました――「もし若いときに、性の本質を開示してくれたという意味で、感銘を受けた本があったら教えてくれませんか。あるいは、最近読んだ本でもいいですけれど、現代において、若い人たちに「性」のイニシエーションをもたらすのにふさわしいと思われる本があったら教えていただけませんか？」と。

　こういう微妙なテーマなので、回答保留もあったし、回答してくれた人もかなり困惑していたので、この世代の人たちに共通する決定的な一冊はないことがわたしにはよくわかったのですが、参考までに、――詳しいコメントをつけてくれた人もいたのですが――いただいた回答の結果だけを列挙しておきましょう。

古谷田奈月『リリース』
村上龍『限りなく透明に近いブルー』
ジャン・ジュネ『泥棒日記』
松浦寿輝『口唇論』
中沢けい『海を感じる時』
フロイト／ラカンなどの精神分析関係の本
オスカー・ワイルド『サロメ』

やはり、文学、しかもとくに小説だなあ、と思いました。わたしが読んでいる作品もあれば、読んでない作品もある。『リリース』や『海を感じる時』は知らなかったので、早速、図書館などで見つけて読んでみました。でも、どうしてでしょう？　その人がそれを挙げた理由は理解できるのですが（これ、重要な発見！　かな？　「小説」の読解も「性」と同じなのかもしれませんね)、やはりわたしの責任において君に薦めるという気持ちにどうしてもならない。質問に答えてくれた人たちには申し訳ないのだけど、このやり方でも突破できないような気がしてきたのです。つまり、完全に暗礁にのりあげました。

100%の成長小説

ところが春のある日のことですが、自分が所有する大量の本を段ボールに詰めて運ばなければならなくなって、車から段ボールをとりだしてエレベーターにのりました。たまたまそのいちばん上に、むかし買ったものでしたが、「村上春樹全作品　1979―1989」という箱入りの全集がのっていた。重たい段ボールとその全集を両手で抱えて、地下から五階まで昇っていくあいだに全集の箱が目のすぐ前にあった。時間にすれば、十数秒か、そのとき、そうだ、村上春樹『ノルウェイの森』があった！と思いついた。それは、九〇年代の大ベストセラーでした。そして、わたし自身も、そのころ、これに触れて文章を書いたことがあった(川本皓嗣《こうじ》・小林康夫編『文学の方法』、東京大学出版会)と思い出した。わたしのそのエッセイのタイトルは、「エクリチュールと〈インターコース〉」。つまり、「書くことと〈性交〉」でした。そのものずばりではないですか。しかも本書一冊目のポール・オースターも同世代だったけど、村上春樹もまったく同世代。かれとわたしは日本人として同じ時代を生きてきている。「性」の感覚は、ひょっとしたら世代によっても違っているのかもしれなくて、そうであれば、わたしがわたしの責任において薦めることができるのは、おなじ国でおなじ「時代」を生きた人が書くものなのかもしれない、とも思った。ほんとうにこれで行けるのか、不安がないわけではない。だが、エレベーターをおりて、重い段ボールを床に下ろしたときには、やってみよう、と覚悟は決まっていました。

で、二十数年ぶりに再読をはじめたわけです。すると、すぐに気がつくことがある。この小説は、まさに「死」と「性」とのあいだのミステリアスな関係を扱っている。「死」と「性」とが、背中合わせのように、シーソーのように揺れて絡みあっている。その意味では、この小説一冊だけで、前章と本章を貫くわたしの「意図」をカヴァーすることもできたのかもしれない。この選択は必然的だったのかもしれない、と納得したのですね。

しかし、この小説を薦めながら、わたしは君にどのようにこれを読みなさい、と言ったらいいのか？　小説はひとつの世界を提示します。読者はそれを自分の感覚や嗜好《しこう》に従って自由に読む権利があります。読み方の正解などというものはない。だから、わたしは、小説の粗筋をまとめることすら、とても危険なことだと考えています。しかし、ここでは性という

問題系について、なにか重要なことを君に示唆してくれるかもしれない、と期待しているわけですから、その方向に向かって、この長編小説を、多少は、解説しなければならない。

ところが、わたしがこの日、手にとって再読したのは、当然ですが、「村上春樹全作品１９７９—１９８９」の箱に入っている本でした。それには、——むかし読んだ文庫本にはなかったと思いますが——村上春樹自身がこの自作について語るエッセイが栞《しおり》として挿入されていたのです。正直に言うと、このときまで、気がついてもいなかったし、読んでもいなかったのですが、「１００パーセント・リアリズムへの挑戦」というタイトルの数ページのエッセイ。わたしは、作家が自分の作品について言うことはかならずしも作品の「真実」ではない、という立場をとる者なのですが、読んで、これは使える！　と思った。

そこでは、村上春樹は、初版の帯のコピーに「１００パーセントの恋愛小説」ということばを入れたのだけど、実際は、これは「正確な意味では恋愛小説とは言えない」と述べたあとで、「この小説はあえて定義づけるなら、成長小説という方が近いだろう」と語ります。（わたしが言うのはおかしいかもしれませんが）まさにそうです。この小説は、「成長」、つまり「イニシエーション」の小説です。そして、「成長」とは、村上春樹のことばをそのまま引用すれば、「人々が孤独に戦い、傷つき、失われ、失い、そしてにもかかわらず生き延びていくことなのだ」、と。

ますますその通りです。この小説は、自分にとても近いと感じられていた他者が「孤独に戦い、傷つき、失われ」て行くのに、ぎりぎりまで随伴しながら、それでも「生き延びていく」ことを選ぼうとする青年の「成長」のドラマです。でも、ここで言う「生き延びる」とは、ただ強固に自分を保ちつづけてひとりだけ「生き延びる」ことではありません。そうではなくて、乱暴な言い方をゆるしてもらえば、精神を病み、自分では統御できない力によって「死」へと引き寄せられていく他者を、――かならずしも「恋愛」関係ではないにもかかわらず――受け入れ、彼女とともにあろうとぎりぎりまでつとめながら、自分自身は生を引き受け、「にもかかわらず生き延び」ようとする物語なのです。死んでいく人のごく近くにいながら、まさに「死んではいけない」！――みずからは（そう書かれているわけではありませんが）そうした自分への約束をまもる。そして、自分が出会ったひとりの他者に対して、自分のもてる限りの「誠実さ」、「責任」を自覚しながら生きる。すると、その他者とのぎりぎりの関係、他者に対する「責任」の極限において、「性」が現われる。しかもそのとき、「性」はただ性的な快楽を得ることとは異なって、奇跡的でもあるような「他者の肯定」、――いや、「肯定」というのではまだ足りない、――他者に、他者ひとりでは味わうことができない生の極限的な歓びを与え返し、贈り＝送り返す。人が人と向かい合い、つながり合うということの感覚、それが同時に、「自分自身である」ということでもある感覚――そういったこと、つまり「性」の不思議が立ち現われるということになるのです。

他者の肉体に対する責任

わたしが言っていること、難しいですよね？　具体的な物語の展開をまったく説明しないで、こんなことを言っても無理ですよね？

というわけで、今度は方向を逆にしましょう。この小説は、ある意味では「射精」小説だと言ってもいいくらいに、「僕」が射精する場面がたくさん出てくるのですが、しかし物語の全体は、ただ一回の「性交」を中心にして組織されています。『ノルウェイの森』という小説を読むことは、この一回の「性交」の「意味」を読むということかもしれない。別の言い方をすれば、この「意味」を明らかにするためにこそ、『ノルウェイの森』は「僕」によって書かれなければならなかった。その場面を引用しましょう。

その夜、僕は直子と寝た。そうすることが正しかったのかどうか、僕にはわからない。

二十年近く経った今でも、やはりそれはわからない。たぶん永遠にわからないだろうと思う。でもそのときはそうする以外にどうしようもなかったのだ。彼女は気をたかぶらせていたし、混乱していたし、僕にそれを鎮めてもらいたがっていた。僕は部屋の電気を消し、ゆっくりとやさしく彼女の服を脱がせ、自分の服も脱いだ。そして抱きあった。暖かい雨の夜で、我々は裸のままでも寒さを感じなかった。僕と直子は暗闇の中で無言のままお互いの体をさぐりあった。僕は彼女にくちづけし、乳房をやわらかく手で包んだ。直子は僕の固くなったペニスを握った。彼女のヴァギナはあたたかく濡《ぬ》れて僕を求めていた。

それでも僕が中に入ると彼女はひどく痛がった。はじめてなのかと訊《き》くと、直子は肯《うなず》いた。それで僕はちょっとわけがわからなくなってしまった。僕はずっとキズキと直子が寝ていたと思っていたからだ。僕はペニスをいちばん奥まで入れて、そのまま動かさずにじっとして、彼女を長いあいだ抱きしめていた。そして彼女が落ちつきを見せるとゆっくりと動かし、長い時間をかけて射精した。最後には直子は僕の体をしっかり抱きしめて声をあげた。僕がそれまでに聞いたオルガズムの声の中でいちばん哀し気な声だった。

全然エロティックではない、ましてやポルノ的ではありませんよね? 「ペニス」に「ヴァギナ」に「オルガズム」と来るのですが、描写はきわめて冷静というか、客観的というか、興奮に酔いしれるところはまったくなくて、「いちばん哀し気な声」で終わっている。すこし前の箇所で、わたしはこの小説は、「射精小説だと言ってもいい」と言いましたが、「射精」という生理学的な用語で「性」のクライマックスを記述すること自体がかなり奇妙なのですが、それこそ村上春樹自身が言っていた「100パーセント・リアリズム」に違いありません。でも、それは、ただ文体の問題というだけではない。それは、——ここがポイントですが——ここでの「僕」の直子に対する態度にかかわっているのです。つまり、引用の冒頭に言われているように、「僕」は、直子と寝たのだけれど、それは、かならずしも「僕」の欲望から出発してではない。「僕」は、直子の二〇歳《はたち》の誕生日を祝ってあげようと彼女のアパートを訪れ、ケーキを食べ、ワインを飲み、そして音楽を聴きながら、彼女のとめどない「不自然で歪んだ」おしゃべりを四時間以上も聞きつづけ、すると最後に突然、直子は、「喋《しゃべ》ること」から放り出され、そしてもうただ激しく泣くことしかできない。「僕」は「殆《ほとん》ど無意識に彼女の体を抱き寄せる」ことになる。それがそのまま「性交」へと続くのです。

「僕」は勃起して射精するのだから、性的に興奮しているとも言えますが、しかし心はどこか覚めている。心はただただ直子というこの不幸な存在を受けとめ、ぎりぎりまで随伴してあげようと願っているだけ。直子は「僕」を愛しているというわけではなく、「僕」もまた直子を愛しているというのではない。にもかかわらず、ここにひとつの避けがたい人間の関係があり、――けっしてたんに愛し合う「男と女」の関係に還元できない――その特異な関係に対して誠実に、「責任」をとろうとしている「僕」がいるということなのです。この二人の関係には、過去からの歴史の積み重ねがある。そしてその歴史の地層のなかには、若くして死を選んだキズキというもうひとりの他者が埋葬されている。すでに「僕」もそれにかかわっている、それを分かちもっている過去から続いている特異性に対して「僕」は「責任」をとろうとするわけなのです。

しかも、ついでに言っておくなら、この「責任」はその場限りのものではなく、そのあともずっと残りつづける。そして、その「責任」が一七年後、ひとりだけしっかり「生き延び」た「僕」が乗ったボーイング747がドイツのハンブルク空港に着陸したときに流れてきたBGMの曲「ノルウェイの森」（ビートルズ）によって、突然、よみがえってくる。それがこの小説の冒頭。だから、この小説はいわば二重底になっていて、ワタナベという「僕」

が一七年後に、自分の「責任」を見届け、あるいは完成させるために、この物語を語っているという仕掛けになっている。

だからこそ、今回、たまたま見つけた村上春樹の自作を語るエッセイ「100パーセント・リアリズムへの挑戦」のなかで、春樹自身が「僕はこの物語に対して自分なりにきちんと責任を取ったのだと、少なくとも自分自身に対しては小声で言い聞かせることはできる」と言っているのを読んで、我が意を得たり、という気持ちになりました。ここで「責任」ということばを使うのか、と。作者である村上春樹の自作へのこの「責任」と、作中の「僕」が死んでしまった友人のキズキに向かって言うつぎのようなことばのなかの「責任」が、どこか重なり合う気がすると言ってもいいいかもしれません。

そして俺は今よりももっと強くなる。そして成熟する。大人になるんだよ。そうしなくてはならないからだ。俺はこれまでできることなら十七や十八のままでいたいと思っていた。でも今はそうは思わない。俺はもう十代の少年じゃないんだよ。俺は責任というものを感じるんだ。なあキズキ、俺はもうお前と一緒にいた頃の俺じゃないんだよ。俺はもう二十歳になったんだよ。そして俺は生きつづけるための代償をきちっと払わなきゃならないんだよ。

同時に、わたしがこの章でどうしても「性」をとりあげなければならないと思ったときに、君に向かって言いたかったこともまた、「責任」ということばで言えることなのかもしれないと思い至ります。

「責任」と言っても、与えられた仕事や役割にともなう「責任」ではありません。そのような社会のなかで課せられる強い「責任」ではなく、ことばにならない、もっと弱い、もっと秘密の、だからこそもっと根源的な「責任」。あえて一言で言わせてもらうなら、肉体に対する「責任」と言いましょうか。

前章の「案内標識」の「死んではならない」は、君は君の肉体を殺してはいけない、ということでした。それは、君は君の肉体に対して「責任」がある、と言い換えてもよいのかもしれません。

そして、本章の「案内標識」の「性こそもっとも重要な人間の本質である」は、君は性的に向かい合う他者の肉体に対して「責任」がある、ということになるかもしれません。性とは、それがどのような関係であるにしても、他者の肉体、いや、たんに生理的な身体というのではなく、「欲望する肉体」が自分の前に裸で現われるのに向かい合い、それを受け入れ、そして自分もまた「欲望する肉体」としてみずからを開くことにほかなりません。肉体は裸です。無防備です。そしてその裸の肉体が君を、あなたを欲望しています。もとめています。そして、君もあなたもその他者の肉体を欲望し、もとめています。ふたつの「欲望する肉体」が交わります。すると、――かならずいつもというわけではないのでしょうが――「この地上に肉体をもって生きている」という人間の根源的なあり方が、ひとつの歓びとして、ひとつの光として、ほとばしることがある。それは、わたしという一個の孤独のぎりぎりの極限において、その極限が他者との「交わり」に開かれうるということを教えてくれるのです。

こう書いてみて、わたしはこれでいいのか、うまく表現できていないのかもしれないとも思わないでもない。わたしの限界ですね。でも、わたしがここで言いたいことは、ワタナベ君という「僕」の「責任」の感覚に注意をしながら、『ノルウェイの森』を読んでみてくださいということ。他者をただ自分の性的な欲望の対象とみなすのではなく、あくまでも他者を受け入れ、支え、随伴し、どの瞬間においても、他者への（「尊敬」ということばを嫌ってこう言うのですが）「リスペクト」を貫いていく「責任」の感覚。しかもそれが「正しかったかどうか」など「永遠に」わからないような「責任」。「義務」でもなく「愛」でもなく、目の前のいとおしい肉体の存在をできる限り迎え入れようとすることです。引用箇所を読んでいただければ、「僕」が直子の肉体をどれほど「ゆっくりとやさしく」受け入れようとしていたかがよくわかるはずです。

その夜は「僕」になにをもたらしたのか？

『ノルウェイの森』という物語では、「僕」と直子とのこの交わりは、直子にとっては、人生でただ一度可能になった「性交」ということになっています。つまり、二〇歳のこの誕生祝いの夜のあとに、直子はさらに精神の均衡を崩し、京都にある精神のケアの施設に入る。そして紆余曲折《うよきょくせつ》はあるが、最後には、施設の近くの森のなかで首を吊《つ》ってしまう。だから、「僕」は直子をすくったわけではない。しかも、この交わりにしても、これが可能になったのは、「僕」のせいではなくて、後の直子の告白によれば、人生でただ一度、あの日の夜だけ、彼女の肉体が「濡れて」、性の交わりを欲望したからです。どうしてそうなったのか、誰にもわからない「奇跡」のようなとき、しかもほんのわずかなミスですべてが台無しになってしまうかもしれなかった唯一の交わりのときを、「僕」はやさしく見守り、受け入れ、それに同調することができたということ。肉体は、性は、それくらい、本人にとってすら、自由のきかない、不思議に満ちている。「僕」はその不思議を受けとめ、やさしく抱きかかえたということ。それがここで言う「責任」ということです。

奇妙な「責任」ですよね？　「僕」は、――「正しかったのかどうか」は永遠にわからないけれど――「責任」をはたした。では、もし「交わり」が双方向的であり、相互的であるのだとしたら、それは「僕」に、なにをもたらしたのでしょう？

むずかしい問いです。ですが、わたしの勝手な考えにすぎませんが、まさにこのむずかしい問いに答えるためにこそ、『ノルウェイの森』は書かれなければならなかったということになる。どういうことか？　それは、この物語のなかで、このただ一度の性交の「夜」は、「もうひとつの夜」によって補われている、裏打ちされているからです。「僕」は直子が入っている施設を訪ねて、直子がもうひとりのレイコさんといっしょに暮らしている部屋に泊めてもらう。すると、その夜、寝ている「僕」のベッドに直子がやってきて、月の光のなかで裸になる、そして数分後、またガウンをふたたびまとって去っていく。とても幻想的な場面です。「100パーセント・リアリズム」のはずだったのに、この箇所だけは、リアリズムではない。夢か現実かが曖昧になるように、浸透し合うように書かれている。そして、ここでは、「僕」と直子のあいだには、肉体の「交わり」もことばのコミュニケーションもまったくないのです。「ほんの三十センチくらい」の距離を置いて、ベッドに寝ている「僕」と直子は目と目を合わせるのだが、しかしなにも起こらない。そして「僕」は、「これはなんという完全な肉体なのだろう」と思うのです。それは、「僕」が知っていた（はず）の彼女の肉体とはちがった、まるで「完全な肉体となって月の光の中に生まれ落ちた」もうひとつの肉体だったのです。

「誕生日の夜」の場面では、直子の肉体はほとんど描写されていませんでした。しかし、ここでは、彼女の肉体こそが描かれているのです。でも、その描写をわたしはここには引用しません。それは、この場面こそが、この物語を書くこと（「エクリチュール」とわたしは言うのですが）が、そこに行き着くために発動した究極の「場所」（「トポス」とわたしは言います）だからです。全体を読まないで、ここだけとりだしてのぞき見るというのは、どこかフェアでない、「責任」をはたしていないという感じがしてしまうのです。だから、興味をもった人は、自分でこの小説を読んで、その箇所と「誕生日の夜」の箇所とを比較してみてください。すると、ひょっとしたら文学という営みがなにであるのかが、すこしわかるようになるかもしれませんよ。

さて、エンディングです。では、わたしは、この月の光のなかの直子の「完全な肉体」からなにを引き出すのか。

一言で言えば、「美」です。「肉体は美しい」ということです。性は肉体に「美」を与え返す。

月の光のなかの「完全な肉体」を前にして、「僕」は、あの「誕生日の夜」に交わった直子の肉体が「どことなく不完全であるような印象を持った」ことをちゃんと思い返しています。そうなのです。もちろん、世の中には「完全な美」をはじめから備えた奇跡的な肉体もあるのかもしれませんが、誰の肉体も、「どことなく不完全」です。でも、性とは、その「不完全な肉体」を欲望する他者がいるということ。すると、その欲望が、「不完全な肉体」を、――「完全な肉体」かどうかはさておき――美しくする。そこに性の究極の、秘密の働きがある、と言いたいのです。

すなわち、直子がこの夜、「完全な肉体」を現わすことができたとしたら、それは、「誕生日の夜」の「ただ一度の性交」と無関係なのではなく、まさにそのおかげなのだということ。そのことを「僕」に与え返すために、この物語が書かれなければならなかったということ。もうすこしはっきり言うなら、「僕」との「たった一度の性交」の後に直子は死んでしまったけれど、その性交によって、少なくとも直子は、「完全な肉体」、あたらしい「美しい肉体」を得たのだと――一七年もの時間の経過を経て――「僕」自身に告げるためにこそ、この物語が書かれなければならなかったと言いましょうか。「ただ一度の性交」が「どことなく不完全な肉体」に「美」を与え返し、それが「僕」の「責任」に対する「報償」となるのです。

性の本質は、他者に対する想像力に根ざしています。そこには、「責任」もあるが、同時に、「美」もある。君の「性」の欲望のなかに、欲望が向かう他者に対して、「あなたの肉体は美しい」と言ってあげられる想像力が内包されていますように――これが、ここでのわたしの祈りです。

*

蛇足を一言。『ノルウェイの森』には、「僕」と直子だけではなく、「僕」と緑、「僕」とレイコさんほか、いくつもの物語が同時に進行しています。そのいずれも「性」にかかわります。それぞれ異なった魅力的な物語です。ここでは、主要軸である「僕」と直子の物語にフォーカスしましたが、それぞれの物語が他の物語を照らし出し合うようなカレイドスコープ的小説でもあるので、他の物語が見せてくれる「性」のあり方の「意味」を考えてみるのは、とてもいい練習問題になると思います。

第7章　No-man's-land に立つ――バレンボイム／サイード『音楽と社会』

　さあ、第2部の最後です。すでにおわかりのように、第2部は、この世界で人間として存在することの、もっとも根本的な三つの次元を設定しています。そして、それぞれの次元について、わたしから君へのメッセージを標語風に「案内標識」として立てました。

1　「死んではいけない」――これは、個（＝孤）の次元です。一個のわたしが存在しているということ。その固有性の極限が「死」。「死」だけは、たとえそれが大量死のような場合ですら、個としてのその人の死であり、けっしてほかの人が分かち合うことができません。だからこそ、「死」が「個＝孤」にとっての究極の「意味」になってしまうわけです。

2　「性こそもっとも重要な人間の本質」――対の次元。じつは（覚えていないでしょうけど）すでに、この本では第1章のオースターの『幽霊たち』のところで「ツイン」という言葉が投げ出されていましたが、人間には一対一という特別の関係があって、それが人間関係の基本です。それは、友人関係、同僚関係など広範な広がりをもっていますが、もっとも根源的な関係が「性」の関係です。なにしろ、人間が誕生するのは、生殖、つまり「性」からですから。それを大事にすることを、ほんとうに、学ばなければならないということ。

そして、最後のこの章は、

3 「他者とともに生きなければならない」――ここでの「他者」は「一対一」の関係にある他者ではなく、「一対多」、つまり組織、集団です。それは民族や国家といった共同体にまで及ぶわけで、究極的には「人類」ということになるかもしれません（いや、現代では、ホモ・サピエンスという「種」をも超えて地球上の「生命」という次元にまで届くべきなのかもしれませんが、ここではそこまで行けません）。われわれは、ひとりだけでも、対だけでも生きていくことはできず、否応なく、集団に属し、そのなかで生きていきます。しかも属する集団はひとつではなく、多種多様に複雑に入り乱れている。でも、そうした集団的共同性こそが「歴史」を形成する。われわれは、誰もが歴史のなかの存在であり、その限りでは、――集団を通して――「歴史」に責任があると言ってもいいかもしれません（哲学的に言えば、世界内に存在すること、同時に、歴史内に存在すること、それが人間にとっての存在の根源的な条件です）。

このようにまとめると、わたしと同世代の人たちは、この三区分が、われわれが若いときに読んだ、詩人で評論家であった吉本隆明の『共同幻想論』(一九六八年)のなかで展開されていた、個人幻想・対幻想・共同幻想という三項対立を「上書き」していると思うかもしれません。私自身にはそういう自覚はあまりなくて、君になによりも「死」、「性」そして「共同性」について語らなければならないと思っただけなのですが、(『共同幻想論』はわたしの「一八歳の一〇冊」のひとつではあったので)このように、若いときの読書の「栄養」は、精神のなかにしみこんでしまって、もう誰の思考だったのか、わからなくなってしまいます。だから何を読むか、はとても重要です。

共同性への開かれた「ことば」

もちろん、これら三つの次元は複雑に絡みあっているので、たとえば、先の章でフランクルが語っていたナチの強制収容所とは、まさに3の次元におけるもっとも残虐な暴力の場、あるひとつの「共同性」が他の「共同性」を絶滅させるという場であったわけでした。しかしフランクルは、「死」が必然として定められた場において、人間の意味をもとめつづけることで「死」を超えていく「思考」の歩みを垣間見せてくれた。「個=孤」の思考が集団の暴力を超えるという「希望」を語ってくれたのです。ですから、フランクルの『夜と霧』は、その意味で、すでにこの第三番目の共同性の次元における、その「共同性」なるものがどれほど残虐な暴力的なものになりうるか、についての強烈なガイドでもあったわけです。

でも、ここでは、共同性のネガティブな面ではなく、ポジティブな面につながる本を選びたいのです。でも、なかなか難題で、困惑します。前章の「性」以上にむずかしい。もちろん、すでにわたしの「一八歳の一〇冊」のひとつだと言ったのですから、吉本隆明『共同幻想論』でもいいのですが、どうも君に薦める気持ちが動かない。ほかにも、おなじくわたしの「一八歳の一〇冊」から、当時、ほんとうに夢中になって読んで、その後のわたしの生きる「態度」に大きな影響を与えたアルベール・カミュの『反抗的人間』なども思い浮かぶのですが、時代がすこしずれている、あるいはすこしむずかしすぎるようにも思えて躊躇《ちゅうちょ》してしまいます。

なにしろ、ここでは国家や民族が問題となっているわけですから、基本的には、政治や思想の問題系に重なります。政治も思想も、究極的には、人間の共同体をどのようにつくっていくか、そして、どのように「歴史」を構想していくか、という問題に答えようとするものです。人間の現実は、途方もなく複雑な要因によって織りなされていますから、それを引き受けて分析し、人間なるものの本質を考察しながら、現実をどうつくりかえていくかを提起する仕事はきわめて重要ですが、同時に、そうした「思想」はつねにその人が生きている「歴史」の現実に条件づけられていて、当然ながら、相対的でもある。ある視点だけが絶対的に「正しい」ということはない。

それに、わたしとしては、いまの君に、「ともに生きる」システムをどのように構築するか、という政治的な「思想」へと導く本を薦めたいわけではなく、むしろあらゆる「思想」の手前にあるような小さな「鍵」みたいなものを手渡したいだけなのです。

そう、わたしが君に伝えたいのは、「他者とともに生きなければならない」ということ。すでに述べたように「他者」にはいろいろなカテゴリー、水準があります。地域の隣人から、遠い地球の端の外国人まで。友人、学校、地域、会社、宗教集団、政治集団、民族、国家……いや、いま現在生きている人だけではなく、すでに死んだ人、さらにはこれから生まれてくる人……そういった現存していない「他者」とも「ともに生きなければならない」のかもしれないですね。

でも、「ともに生きなければならない」と言われると、まるで義務のように聞こえるかもしれませんが、そうではなくて、わたしが考えているのは、それは人間という存在にとっての根本「原理」みたいなものですから、それを自覚してくださいね、というだけ。そして、その根本「原理」は、なによりもわれわれの言語、つまり人間が「ことば」をもつ存在であるということに深く根づいているということをわかってほしい。共同体は、暗黙にしろ、制度化されているにしろ、なんらかの仕方で、きまり、規則、規範、法をもっています。きっと集団生活をする動物たちにもそれぞれ精妙なルールがあるのでしょうけれど、人間は、本能ではなく、「ことば」を通して共同体を統御、運営しています。「ことば」こそ、人間にとってのすべての共同性の場です。とすれば、ここでは、なによりも共同性へと開かれた「ことば」をとりあげてみたい。

パラレルとパラドックス

と、このように論理的に詰めたわけではないのですが、突然、ひらめくアイデアがあって、それは、「孤独」のうちに書かれた本ではなく、複数の人の「ことば」からなる本はどうか。しかも、これまでとりあげてきた本があくまでも「書かれた」本であるなら、一冊くらいは「話されたことば」でできた本があってもいいではないか、と。つまり、対話の本です。「ならば、これ」、とすぐさま浮かぶのが、ピアニストで指揮者のダニエル・バレンボイムと学者で評論家のエドワード・W・サイードの対話本『音楽と社会』。邦訳のタイトルはこ

うですが、原題は『Parallels and Paradoxes』(相似と相反)、「パラレルとパラドックス」というわけで「パラ」という音が韻を踏んでいるすてきなタイトル。原著は二〇〇二年の刊行ですが、わたし自身はこの原著を二〇〇五、六年に何度も読んでいます。何度も読んだのは、――ポール・オースターの原書もじつはそうだったのですが――この時期、つとめていた大学で突然に「国際哲学研究センター」の拠点リーダーをやらなければならないことになり、するとどうしても海外の哲学者・研究者たちと英語で対話をしなければならないことになる。「フランス語は専門ですが、英語はちょっと……」などと言っている場合ではなくなって、仕方がなく五〇歳もすぎて頭もかたくなってきているのに、毎晩テレビでBBCのニュースを追いかけ、わずかな暇があれば英語の本を読むようにしていたからです。つまり、この本は、知的な対話、しかも友情にあふれた、知的に深い内容を語り合う実践的英語のモデルとして、わたしには、絶好の「教材」だったのです。

さて、バレンボイムとサイードがどういう人か知っているでしょうか?

この対話は一回だけの対話の記録ではなく、じつは一九九五年から二〇〇〇年までのあいだに行なわれた計六回の対話を編集したものです。公開の対話の場合は司会として二人に質問を投げかけ、最後にはこれが一冊の本になるようにまとめたのは、両者の共通の友人であった、ニューヨークのカーネギーホール芸術顧問のアラ・グゼリミアンでした。かれが序文で二人をかんたんに紹介していますので、それを引用しておきましょう。

エドワード・サイードはエルサレムで、パレスチナ人の家に生まれた。だが成長したところは主にカイロであり、すでに生まれた土地からひき離されるという体験をしていた。家族はイギリスの影響を強く受けたアラブ人キリスト教徒だったので、ムスリムが多数をしめる社会のなかで、彼はもう一段の追放を味わったということもできよう。そしてさらにもう一度、彼はふたたび住みなれた世界から切り離されて、十代で合衆国にわたり寄宿学校に入学した。父親の経歴でさえも、地理的に錯綜《さくそう》している。エドワードが生まれる前に、彼の父ワーディー・サイードはいっとき合衆国に住んだことがあり、合衆国軍に加わって戦ったこともあった。彼はアメリカの市民権を手にいれた後で、パレスチナとエジプトに戻ってきた。このようにあちこち旅してまわるという特徴は、中東の多くの家系の歴史をみれば別にめずらしいものではない。

ダニエル・バレンボイムの背景も同じように複雑だ。彼の家系はロシア系のユダヤ人で、祖父母の代にブエノスアイレスへ移民してきた。そこには当時、世界で三番目に大きいユダヤ系のコミュニティが栄えていた。やがてバレンボイムは両親とともに新生国家イスラエルへと移住した。それ以降、彼はロンドン、パリ、エルサレム、シカゴ、ベルリンなど、世界のさまざまなところに住んできた。

すなわち、バレンボイムはユダヤ（イスラエル系）、サイードはパレスチナ（アラブ系）、第二次世界大戦以降の世界でいくつもある民族対立のなかでもきわめて激しい対立が続いている「イスラエル－パレスチナ」問題で、対立しあう集団に属する二人ということになります。その二人が、まったく異なってはいるが、しかし「世界のさまざまところに」移住し、そこで活躍しながら生きてきた軌跡を、きわめて簡潔に紹介してくれているのですが、それではかれらは何をしてきたのか。グゼリミアンによる紹介の後半は以下の通りです。

エドワード・サイードが今日もっともよく知られているのは、ずばぬけた影響力と革新的な知性の持ち主としてであり、文学や文化について、文化と社会の関係について、とくにオリエンタリズムという彼が切り開いた研究分野を追求する、するどい評論家としてである。彼はまた、どこまでも複雑な中東の紛争についての、もっとも力強く、熱のこもった評論家である。（…）

ダニエル・バレンボイムは、シカゴ交響楽団とベルリン国立歌劇場の音楽監督を兼任し、音楽の世界の中心的人物である。彼は、歴史上もっとも数多くレコーディングされた音楽家のひとりであり、その期間は十代のときに最初のレコードを出して以来、すでに五〇年近くにおよんでいる。

このように二人とも文字通りの巨匠です。だから、そのキャリアについて語るべきことは、まだまだたくさんありますが、ここではその詳細には入りません。ただ、この序文は二〇〇二年に書かれているのですが、翌二〇〇三年にサイードが、——早いですね——六七歳で亡くなっていることは付け加えておかなければならないでしょう。かれの死後、遺著となった『晩年のスタイル』というエッセイ集が刊行されますが、そのタイトルに引きつけるなら、バレンボイムとのこの対話集もまた、サイードの思考の「晩年のスタイル」が対話という形で遺憾なく発揮されていると言ってもいいかもしれません。

民族対立を超える音楽

では、二人の対話で何が語られているのか。それは音楽。国境を越える、その意味で普遍的な文化としての音楽。しかし、この場合、音楽と言っても、西洋音楽、いわゆる「クラシック音楽」です。

そこで、正直に言うと、わたしはずいぶん迷いました。すなわち、（若きバレンボイムが出会った）大指揮者フルトヴェングラー、ピアニストのグレン・グールドといった人物、あるいは作品で言えばベートーヴェンのたとえば「交響曲第四番」、バッハの「ロ短調ミサ曲」、あるいはもっと決定的にワーグナーの作品、なかでもオペラ「トリスタンとイゾルデ」――わたしと同年代の人びとにはきっと周知であるはずのこれらの名が、わたしが想定しているこの本の読者である君にとっては、まったく未知であるかもしれない。もしそうなら、つまりもし君がワーグナーなんて聴いたことも、そのオペラを観たこともないとするなら、この対話を薦めるのは、君にとんでもない苦痛を強いることになるのではないか。

でも、同時に、第2部は、はじまりの時点で「すでに間奏曲」としてモーツァルトの「魔笛」を呼び出してしまったし、最初にとりあげたフランクルの本は、それこそがイスラエル建国の引き金にもなったナチのユダヤ民族絶滅の現場を物語っていたとすれば、最後が、バレンボイムとサイードの音楽をめぐる対話で終わるのはぴったりかもしれないとも思えてくる。なにしろ、かれら二人は、一九九九年、まさに、(わたしも訪れたことがあるのですが)ナチの強制収容所ブーヒェンヴァルトの跡地がすぐ隣りにあるドイツのワイマールに、「アラブ人とイスラエル人の音楽家たちを集め、若干のドイツ人音楽家たちも合流させて一つのオーケストラをつくる」という驚くべき共同作業を行なっているからです。すなわち、政治的に対立している民族の音楽家たちを、音楽というひとつの場に招き入れて、協同で音楽をつくりだすという作業(ワーク)を行なっている。音楽が、民族的なアイデンティティを超える、より普遍的な文化であることを、そうやって実践的に証しているわけです。共同体についての「思想」や理論を述べるのではなく、現実に、それを超える実践的実験を行なっている、そこにこそ、わたしは希望を見出すのです。

だから、いつか君も、「トリスタンとイゾルデ」の最後のクライマックスで、イゾルデが(ほかのいかなる原因もなく)ただトリスタンへの愛によってのみ死ぬ、という驚くべき音楽的「事件」が起きるのを聴いて心を震わせることがあるかもしれないと願って、思いきって、この対話をピック・アップすることにします。なにしろ、この対談、「音楽」についてとても多くのことを学べます。どうしてもその一例くらいは挙げておきたいのですが、たとえばバレンボイムがベートーヴェンの「交響曲第四番」の冒頭について語っているところ。

ベートーヴェンの交響曲第四番は、世界から逃避するための手段としてのみ存在するのではない。この曲のはじまりの部分には底なしの絶望感がある。変ロ音のみがずっと続いた後、一本のフルート、複数のファゴット、ホルン、弦楽器のピチカート演奏……そして何も起きない。そこには空虚感がただよっている、たった一つの音がずっと続き、やがてようやく弦楽器によって別の音、変ト音が入ってくる。その瞬間に、聴き手は今までの場所から放り出されてしまう。（／）この放り出されたという感覚は、他に例のないものだと言ってもよいだろう。最初の音を聞いたとき、「ふむ、これはきっと変ロ音の曲だな」と考える。最終的には、それはたしかに変ロ音の曲だ。けれども二番目の音で、自分の居場所がもうわからなくなる。だってそれは変ト音なのだから。あの瞬間ひとつをとっても、人間性についてほんとうにたくさんのことを理解することができる。ものごとはかならずしも最初の見かけどおりのものであるとは限らないということを知るわけだ。変ロ音はおそらく主音だろう。けれど変ト音が他の可能性を持ち込む。そこには静かで動きのない、閉所恐怖症的な気分がただよっている。なぜだろう？　長くずっと続く音のためだ。そのあとに入ってくる複数の音には、それぞれのあいだに音と同じ長さの沈黙がはさまっている。音楽はいったん落ちるところまで落ち、そこからベートーヴェンはもう一度ふりだしに戻って音楽をたてなおし、最終的には主音を肯定するのだ。

いやあ、すごいですね。わたしにとっては「音楽」もまた「不得意科目」のひとつで、この交響曲の最初の音を聴いても「変ロ音」だなんてまるでわからないのですが、しかしバレンボイムがここで、交響曲の音のひとつひとつ、そして音と音のあいだの「沈黙」すらを聞きとる、つまりただ「聴く」listen to ではなく、「聞く」hear ことがわかり、感動します。わたしにとっては、これこそが「知性」。つまり、ひとつひとつの「個」(この場合はひとつの音ですが)の特異な「意味」を、「全体」という場のなかで聞きとることができることです。そして、こうして「音楽」は対立しあう個や集団を超えた「全体」を、そのつど、演奏会場の具体的な空間のなかに響かせ、立ち昇らせようとする実践なのだということがわかってきます。なるほど、だからこそ、かれら二人は、「音楽」という場を開くことで、パレスチナ－ユダヤという民族対立を超えるもうひとつのより広い共同性の実践を行なったのだ、言語によらない「音楽」だからこそ、それが可能となったのだ、と納得できるのです。
実際、この引用のすぐ直後に続けて、バレンボイムはつぎのように言っています。

これを、混沌《こんとん》から秩序への道、あるいは荒涼から幸福への道と呼んでもいいだろう。でも、そういう詩的な描写に蘊蓄《うんちく》を傾けるつもりはない。音楽の解釈は人によってさまざまだからね。ただ一つだけはっきりしていることがある。どこかに属しているという感覚、本来の場所《ホーム》という感覚が和声的に言ってもてるのであれば――そして、作曲家としてまた音楽家としてそれを確立することができるならば――かならず感じられるのが、中間地帯《ノーマンズランド》にいるという感覚、よそに放り出されてしまったけれど、いつも本来の場所《ホーム》にもどる道を見つけ出すという感覚だ。音楽は、一方では人生から逃れる可能性を提供するが、他方では人生を理解することにかけても他の多くの学問よりずっとすぐれた可能性を提供する。

ますますすごい。「音楽」は、自分が属するHomeを離れ、その共同体への帰属を超えて、二つの共同体のあいだのNo-man's-landへと立たせてくれるということ。たとえ、いつもまた「本来の場所《ホーム》」にもどる道を見つけ出すのだとしても、少なくとも一度は、No-man's-landという、混沌とした、たしかに荒涼としているのかもしれない、境界の彼方であり、手前である「どこでもない場所」に立つことができるということ。そのような誰のものでもない場所があることを、無意識であれ、知っているということ。そう、わたしがここで君に渡したいと思う「鍵」とは、そういうことなのです。

冒険と放浪の物語

奇妙に響くかもしれませんが、わたしにとっては、それが「自由」なんですね。なぜなら、「自由」とは、自分の欲望がなんでも満たされるということではなくて、究極的には、自分がどこにも帰属していない、つまりどこからも条件づけられていないということだからです。

そして、——別の日の対話ですが——ほとんどおなじことを、今度は、ギリシアの古代文学を通して、サイードも言っています。

君が説明したことは、文学にみられる最大の神話の一つに相当するような寓話《ぐうわ》だ。それは故郷《ホーム》と発見と帰還の神話、つまり、長い冒険と放浪の旅の物語（オデュッセイ）だ。

ベートーヴェンの探求とホメロスの探求のあいだにはまちがいなく相似がある。だが出発する勇気をもち、帰還する勇気をもつということは、たんにふらふらと迷い出した末に帰ってきたということではない。そこにはひどく込みいった段取りがある。オデュッセウスは故郷《ホーム》を出る。ペーネローペや安楽な生活をイタカに残して旅に出る。戦争に行き、それが終わると帰ってくる。けれども、それはただの帰還ではなく——そこが『オデュッセイア』の素晴らしい魅力だけれど——帰還の過程で次から次へと冒険に誘われる。彼はまっすぐ家に帰ることもできたはずだ。けれども、彼はせんさく好きな男だった。それはたんに故郷を出るという問題ではない。故郷を出て、自分を惹《ひ》きつけると同時に脅かすものを発見することなのだ。そこが肝心なところだ。彼は一つ目の巨人ポリュペモスとの冒険を避けることもできたはずだ。けれども彼はこの巨人と話をしなければならないと感じる。この恐るべき怪物に挑戦するという直接の体験を踏まなければ、そういう冒険を積まなければ、最終的な帰還が果たせないのだ。

オデュッセウスは多くの冒険のあとに最終的に「帰還」するのですが、この話のあとに、サイードは、もうひとつのタイプとして、帰る故郷《ホーム》をもたない「帰るところのない状態《ホームレスネス》」を挙げています。帰るべき、自分が帰属する共同体をもたない人びと、いわゆる「難民」たち。そう、No-man's-land に居続けるしかない人びと。そして、サイードは、――これが「対話」の妙というものなのでしょうが――それを、「新ウィーン楽派」の無調の音楽へと結びつけているのです。バレンボイムは言います、「新ウィーン楽派は難民音楽だというわけだね」。サイードは答えます、「そう、追放された者の音楽だ……」と。それを受けてバレンボイムは「そんなふうに考えたことはなかったけど、その言い方にはとても説得力があると思う」と。

もちろん、「新ウィーン楽派は難民音楽だ」という言い方は、あぶない言い方です。でも、この「対話」の文脈のなかでは、この冒険的な言い方が、「音楽」について、あるいは「共同体の文化」について、ひとつのヒントをもたらしてくれるかもしれません。「対話」は待ったなし。直観的なやりとりを通じて進行する楽譜のないデュオです。そして、この一連の対話は、最後には、「妥協と順応」ではなくて、ということは、ひとつの共同体が暗黙のうちに押しつけてくるさまざまな「きまり」に妥協することなく、現実を理解しようとする「勇気」をもたなければならないというエンディングへと至るのです。バレンボイムは言います。「勇気という要素がもっとも重要だ。勇気というのは違った仕方で演奏することだけを意味するのではなく、いっさいの妥協を拒むという勇気も意味する」と。
No-man's-landに立つ「勇気」。自分のアイデンティティを、自分が属する集団によって規定され、与えられたそれだけに縛ってしまうのではなく、それを超えた、まだ「誰のものでもない」、「来るべきアイデンティティ」を自分にゆるすこと。それこそ、わたしがここで君に手渡したいと思う小さな「鍵」にほかなりません。そう、これからも、あらゆるところで、君は、自分が属する集団や共同体の、必然的に政治的な「決定」に関与していくと思います。そのとき、君の精神のどこかに、それでもなお、No-man's-landに立つ「勇気」が確保されていますように……それが、わたしの願いです。

じつは、わたしは、二〇一〇年にイスラエル－パレスチナを訪れています。先ほど述べた「国際哲学研究センター」(UTCP、University of Tokyo Center for Philosophy)の国際研究交流の一環として、若手研究者や同僚、そしてフランスの研究者仲間とともに、エルサレム、ハイファなどを訪ねて、イスラエルの研究者とともに研究集会を開きました。それは、わたしがこれまでに経験した多くの海外の旅のなかでも、もっとも強烈な印象を精神に刻み込みました。そのとき、もちろん、イスラエルとパレスチナを遮断する「壁」を越える経験もしました。この旅は、拠点リーダーとしてわたしが、なんとしても実現したいと数年前から考えていてようやく実現したものだったのですが、今回、この原稿を書きながら、わたしのなかにどうしてもこの「壁」を越えてみなければならないという強い思いを吹き込んだのは、あるいは、その少し前に何度も読んだバレンボイムとサイードとのこの対話だったのではなかったか、と思ったりもしました。あの「壁」こそ、ある意味では、わたしにとってのNo-man's-landであったのかもしれません。

もうひとつつけ加えておきたいことがあります。それは、「音楽」について。ここでは、音楽はいわゆる「西洋音楽」でした。だが、世界には、西洋音楽だけではなく、さまざまな音楽があります。「西欧」という、とても広大な、しかしひとつの共同体の歴史に属する音楽の境界を越えることも、また、もうひとつの「実験」です。とりわけ、日本という西欧化した「非西欧文化」の国に住む者にとっては、そういう問題も提起されるのです。

最近、わたしは、「音楽」という領域で、この問題に真剣に取り組んだ日本の作曲家である武満徹《たけみつとおる》を取り上げて、かれが「西洋音楽」、「日本音楽」、そしてそのどちらでもない「バリ島の音楽」という三つの異なった音楽を通して「三点測量」を行なったことを論じました(小林康夫・中島隆博『日本を解き放つ』)。そう、この本も、書かれたエッセイも入っていますが、基本は、対話でした。わたし自身の対話の実践の本と言っていいと思います。

そして、この第2部、「間奏曲」からはじまりましたので、終わりにも、もうひとつ「間奏曲」を挿入しておきましょう。たまたま最近、わたしが対話形式で書いた「対話」についてのショート・エッセイです。

間奏曲3　対話についての対話――そのゴールは無知？

M　はじめから結論を言うようだけど、そもそも対話はひとつのゲーム、それならば、対話についての対話をしてみませんか？

D　つまり、わたしはもうゲームに巻き込まれてしまっているということなのかしら。でも、ゲームには、かならず「上がり」というか、最終的な目標があるわよねえ？　では、対話というこのゲームの「ゴール」って何なの？

M　すごい！　はじめからずばり本質をつく「一手」ですねえ。どう答えたらいいのだろう？　でも、思いがけない「手」を打たれて、不意打ちをくらって、動揺する、これこそ対話の楽しさですね。

D　なんだか、わたしの問いから逃げてるみたいだわね。つまり、対話は、終わりのないゲームだと言いたいのかしら？

M　もちろん、はじめから「こうなったら終わり」という状態がはっきり規定されているわけではないよね。だからと言って、それが向かっていこうとする「目的」というか「方向」が全然ないわけではないと僕は思うな。そうじゃないと、たんなるおしゃべりになってしまうでしょう？

D　そうね、おしゃべりって、多くの場合、それぞれがただ自分のことをしゃべっているだけだったりするし。たしかに場はあるのだけど、それが自分たちの心の満足とは別のためのものだ、という認識はないかもしれない。しゃべってそれで終わりみたいな、ね。

M　そうだよね、対話だって現象としてはおしゃべりとおなじように、交互に自分の考えを語っていくわけだけど、相手とのやりとりを通して、あるテーマについて、自分が考えていなかったこと、知らなかったことが見えてくることが密かに期待されていると思うね。

D　それって、プラトンの「対話」ですね。そこでは、いつもソクラテスが最後には、相手が何も知らないことを証明してしまうでしょう？　それにならって、対話の「ゴール」は「無知」であるとか言ってみる？

M　それ、いいね。僕ひとりだったら、そんな過激な言い方はできなかったけど、それに乗ろうかな。でも、そのとき、この「無知」が、どれほど衝撃的で、感動的か、ということは強調しておきたいな。だって、ソクラテスの対話者は、自分がよく知っていると思いこんでいた事柄なのに、じつは、ほんとうは全然わかっていなかったというところへ連れ出されてしまうのだからね。自分が知っていた（はずの）世界が、ある意味では、破壊されてしまう。でも、それは感動的なことだよね。

D 自分が「無知」だってわかることが？

M いや、新しい眼で「世界」を見ることができるということにおいてね。この「無知」は、みんなが知っていることをわたしは知らない、という意味じゃなくて、そのとき世界は、こんなにも深く、こんなにも不思議で、しかも日々新しい、ということが立ち現われることでしょう？

D そのためには、自分が「知っている」という思い込みが超えられなくてはならないのね。

M 自分の限界だから、自分ひとりでは超えられない。だから、相手とやり取りしながら、不意を突かれて、うろたえて、はじめて限界がぐらつく。

D ほんとうは、それこそが「学ぶ」ということかもしれないわね。

M　そう、なにかについての知識を手に入れるというのではなくて、世界がそのたびごとに未知なるものとして見えること。「哲学」ということばの元は、フィロソフィアphilo-sophia、つまり「知を愛すること」。それは、いわゆる「学」じゃないんだよね。それは、本来的には、「知」として世界を「愛する」ことだと僕は思いますね。そして、そのためには自分が「無知」であることをほんとうに知らなければならない。だって「愛する」ということは、自分には完全にはわからない不思議な、美しい存在の前にいるということだものね。

D　対話の「ゴール」は「愛」というわけ?

M　さすがにそれは言い過ぎかもしれないけど……でも、どんなにささやかでも、それまで自分が知らなかったことが見えてきて、「驚き」あるいは「驚異」が起こることかな。僕たちだって、「対話」について語っていて、つい、「愛」なんて口走ったりするわけだから。

D　「愛」だからと、言うわけでもないけど、やはりそのとき向かいあってくれる他者がいるということが決定的に重要だわね。わたしのことばを聞いてくれる他者、聞いていっしょに「考えて」くれる他者、その存在のおかげで、わたしもわたしの「無知」へ、そして「未知」へ辿《たど》りつくことができるのね。

M Beautiful な発言ですねえ。そう、対話でいちばん大事なのは、「聞く」ことだよね。他者のことばに耳を傾ける。そしてそのなかに、他者がまだ意識していない響きを聞きとり、それをことばへと持ち来らす。それは、わたしのことばなのだけど、他者から出発して発したことば。

D そして他者のほうは、対話者のことばによって投げ返され、照らし返された〈自分の〉ことばを聞き、受けとり、そしてそれをまた与え返す、それが続くのね。

M 「聞くこと」、そして「与える」こと。

D そうなると、それは、人間にとってのもっとも根本的な倫理ということにならないかしら。原 - 倫理みたいなね。ことばをもつ存在として他者へと「開かれて」あることですね。

M ずいぶん、遠くまで来てしまったんじゃない？

D そうね、今回は、ここが「ゴール」かな？

M ありがとう。心から感謝します。

D わたしも。で、最後に、あなたの名は？

M　僕は、M、モノローグ。

D　わたしは、D、ディアローグ。では、またね！

「対話についての対話——対話のゴールは「無知」？」

「ニューサポート高校　国語」東京書籍、VOL・30、二〇一八年

第3部
いろとりどりの世界

第8章　世界の起源を問う

——スティーヴン・ホーキング『ホーキング、未来を語る』

さあ、第3部。あと三章、つまりあと三冊。となって、わたしの心に浮かぶ「標題」は「いろとりどりの世界」かな。これまでは、かならずしも意識的にそうしたわけではないのだけど、二冊の小説や詩人の全集を含んで、わたしの「専門」に近い文学‐芸術‐哲学の領域から本をとりあげてきました。そこでは、強いて言えば、共通して「人間」が問題になっていた。だが、本は、人間の世界ではない世界もプレゼンテーションすることができる。たとえば、宇宙論の本、物理学の本、さらには数学の本など、人間の、あまりに人間的な「意味」には還元できないような世界を提示し、解き明かしてくれる。それも本の魅力です。

本つまり書物は、そもそも——たとえば『聖書』が典型かもしれませんが——人間を超えた世界の「秘密」を伝えるものだったのかもしれません。生きている人間にとっては、ことばは、なによりも話しことば。そのとき、そこにいる相手に、自分の思いを声にして伝える。そしてことばは消えていく。それでよかった（いまの時代ならそれに、SNSもつけ加えておくべきかもしれません。「話すように書く」という新しい文化がはじまっている）。ところが、個々の人間、個々の状況を超える、世界の「秘密」にかんしては、それを書きとめて、永遠に保存しなければならなかった。もちろん、後世の人びとにそれを伝えるということもある。でも、わたしが感じるのは、誰かのためというよりも、本質的に、それが誰のものでもない、世界の「真理」、世界の「法」であるからということ。「話す」ではなく、「書く」ことは、もっとも深いところで、「人類」という意味での「人間」にとっての世界の「真理」を書きとめることだとも思うのです。

たとえば、物理学の法則。君は、つぎの方程式を知っているでしょうか？

$$E = mc^2$$

Eはエネルギー、mは質量、cは光の速度。だから、この式は、「ある物体のエネルギーの値は、その物体の質量に光速度の二乗をかけた値と等価である」ということになる。でも、この文を声に出して読みあげてみても、われわれの心には「意味」がすっきり浮かびあがってくるわけではありません。ひとつひとつの単語の「意味」はわかるかもしれませんが、この文がいったい何を言っているのかを、ほんとうに理解するのは、とてもたいへんなことです。

世界の「法」を書きとめる

多少の誇張とともに言うのですが、これは、「人類」が手にした「書かれたことば」のなかでは、いまのところ、最強です。なにしろ、この「文」(方程式)は、質量をもつ物体のすべてに、例外なく、あてはまる。実証的なのです。しかも、この「文」が言わんとしていることのなかには、――原爆も発電も含めて――「原子力」と呼ばれる「力」の根拠までが含まれている。「原子力」は、ある意味で、まさにこの方程式によってこそ可能となったのです。

これは、アルバート・アインシュタインの相対論の要ともいうべき方程式なのですが、その「意味」の解説は、わたし自身が行なうのではなく、やはり専門家、ここでは物理学者のスティーヴン・ホーキングにまかせましょう。

相対論の非常に重要な点は、質量とエネルギーとの関係です。光速が誰にとっても同じように見えるというアインシュタインの仮説は、どんなものでも光より速く動くことができないことを示しています。粒子であろうと宇宙船であろうと、エネルギーを使って速度を上げようとすると、その質量はどんどん増加するのです。質量が増えてしまうため、さらに加速しようとしても速度を上げることは困難になります。粒子を光速になるまで加速するには、無限のエネルギーがいることになりますので、それは不可能です。質量とエネルギーは、アインシュタインの有名な式 $E = mc^2$ でまとめられるように等価です。この式は、おそらく物理学に興味のない人でも、見覚えのある唯一の物理学の式でしょう。ウランの原子核が分裂するとその破片の質量を合わせても、質量はもとのウラン原子核の質量よりわずかに減少しています。この欠損した質量が大量のエネルギーとなって放出されることは、この式の結果のひとつです。

君は、光が質量をもたないことは知っていると思います。質量ゼロの光の速度が、ある意味では、世界の限界だということです。ある物体の速度をあげるためには、力を加えなければならない。じつは、この「力」という概念だって、古代から正確に知られていたわけではなく、それが発見され、運動方程式が確立されたのは、ニュートンからなのです。

ニュートンが開いた世界観は、三次元の絶対的な空間のなかを、物体が運動しているイメージです。物体のあいだには、力が働いている。その力によって、星も月もすべての天体が運動している。その天体がいつ、どう動くかが、正確に計算できるということになる。これは、人類にとっては、途方もないことでした。空の天体の運動を、人間が正確に計算できるのですから。これこそ、人間理性の勝利、「計算」の勝利。極論すれば、それこそが、「近代」という時代を開いた。

絶対的な時間は存在しない

ところが、二〇世紀に入ると同時に、世界理解のこの前提が揺らぎはじめます。なにしろ、ニュートン的世界観のもとでは、時間と空間は絶対的でした。その意味は、誰に対しても、絶対的におなじであったわけです。飛行機に乗って空を移動している人も地上を歩いている人も、おなじ絶対的な空間・時間のもとにあるということです。もちろん、どれほど速いジェット機に乗ったとしても、われわれ人間にとって「意味」が生じるような差異は現象しない。けれども、光速度（それは、毎秒三〇万キロメートルなのですが）のような途方もない速度に近づくと、そうではない現象が生まれてくる。ホーキングは、先ほどの引用の前に、冗

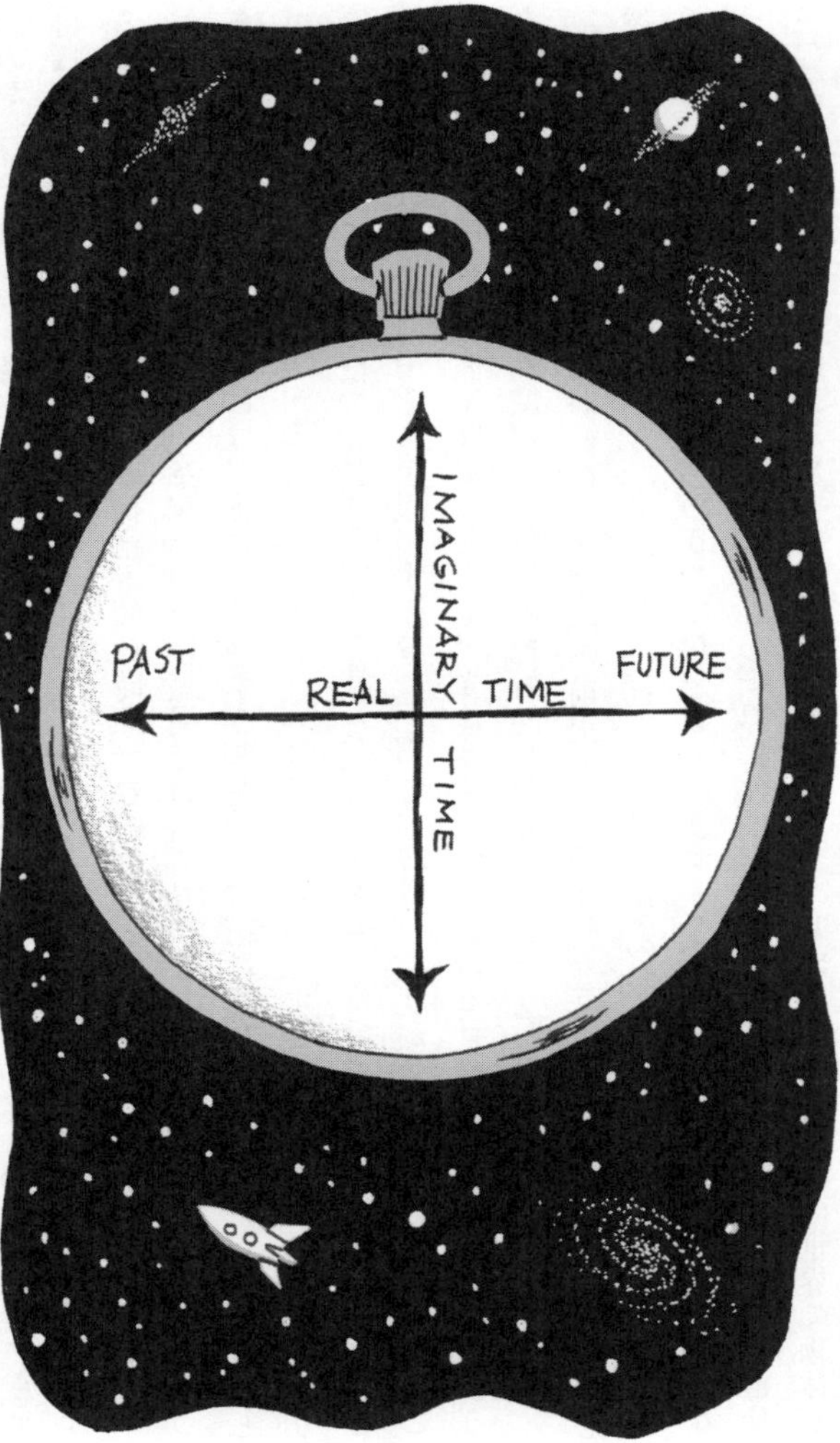
IMAGINARY
PAST
FUTURE
REAL
TIME
TIME

談めかして「少しでも長生きしたいと願うなら、地球の自転速度を加えるために、飛行機で自転の方向である東に飛びつづけたらよい」ことになるのだが、じつは、「そんな旅行をすることで得する時間は一秒より何桁も短い時間」なのだ、と語っていました。

しかし、人間にとっては「意味」のない差異であっても、そこには大きな違いがある。つまり、原理的には、世界には、誰にも共通する普遍的な、絶対的な時間はない、ということです。ニュートンもすごかったが、アインシュタインはもっとすごい、と言わなければなりません。人間にとっては、「意味」のある仕方で経験することはできないのではあるが、しかしわれわれの世界は、それを観察する者にとって、時空の尺度が変化するのだ、ということ。絶対的なのは、時間空間ではなくて、光速度。光は、質量ゼロで速度しかもたないような存在ですから、その速度がこの世界の絶対的な限界だ、というわけです。

「限界」というと、われわれは、無意識の前提として、「限界」の向こう側があるように想像してしまいます。「一〇〇メートルを一二秒で走るのが僕の限界だ」、という人は、ほかの誰かが一二秒を切ることを暗黙のうちに想定しています。ところが、ここでは、そうではない。光の速度を上回る速度のものは、この世界には、存在しない。数字上は、先ほどの毎秒三〇万キロメートルを超える数字はいくらでも可能だが、しかし現実に、この世界の物体がその速度に近づくと、「無限」が出てきてしまう。ホーキングは、引用した箇所で、さらっと「粒子を光速になるまで加速するには、無限のエネルギーがいることになりますので、それは不可能です」と書いていました。

「無限」――これが、鍵のことばです。われわれは、世界の限界に、内側から、触れたのです。

でも、「無限」って、何だと思います？

それは、ある意味では、「計算不能」ということです。はてしなく、どこまで計算しつづけても、答えが決まらない。たとえば、円周率π、これが無理数で何桁まで計算してもひとつの値に決まらないのは、君も知っているとおり。でも、だからと言って、円が描けないなどということはない。円は無数にある。ただ、その直径と円周の比をとると、その値が、3.1415926535……と無限に続くわけです。

つまり「無限」が現われると、その値を決定できないということになる。数理まで含めて人間の言語で、その「値」というか、「姿」というか、それを「決定」できないようなものが、われわれの世界のもっとも本質的なもの（たとえば、その「限界」、その「次元」……）を構成しているというわけです。そこには、われわれ人間の常識的な世界の考え方を、根底から揺り動かしてしまうような驚くべき「革命」がある。これは、ほんとうにすごいこと。二〇世紀に、人類は、そのような世界観の「革命」に着手した。しかも、それは、おもに物理学とか、数学とか、いわゆる理系の自然科学の最先端で起こったことでした。

すでに第4章で述べているように、わたし自身は、物理学に憧れながら、一八歳のときに方向転換をして、「パリへ」という道標が示す「道」を選びました。そして、フランス語をベースにしながら、いわゆる文系的な学問の領域を漂流してきた。でも、そうしながらも、いつでも、二〇世紀に、自然科学を通して、人類が開始したこの「知の革命」にどう向かい合うのか、を考えないわけにはいかないと思ってきた。もちろん、数学を勉強することをやめてしまったわたしには、相対論や量子力学といった最先端の物理学をほんとうに理解することはもうできません。でも、文系だから、理系のことは知らなくていいなどということはない、といつも思ってきた。だから、わたしは、五七歳から五八歳にかけての二年間に、毎月、自分がつとめていた東京大学の数学者や物理学者の先生たちの研究室を訪れて、最先端の「知」を教えてもらい、それについて対話をするという試みをやってみたりしています(『知のオデュッセイア』)。

だから、若い君に向かって一〇冊の本を推薦するというこの企画のなかに、どうしても現代の自然科学が開きつつある最先端の地平へのガイドとなるような本を一冊は入れたいのです。そして、それは、数学や理科が苦手だと思っている君にも、将来は物理学者などにはならず、大学の入学試験も文系で行こうと思っている君にも、薦めたい。だいたい理系／文系と、早い時期から、学びの方向性を分けてしまうことにわたしは反対です。コンピューターが日常生活の隅々にまで浸透してくる現代において、自然科学とそれが可能にした技術はわれわれの生の基盤を形成しているのですから、ある程度は、それを理解しようとし、それがもたらす途方もない、つまり人間の「常識」を超えた知見にドキドキ・ワクワクすることができるようでなければならない。それこそ二一世紀の「教養」の根幹だと思います。

世界はどのように始まったのか？

いずれにしても、わたしはすでにホーキングの『ホーキング、未来を語る』をここに引用してしまっています。だから、これをこの章の「一冊」にしましょうか。

スティーヴン・ホーキングは、イギリスの物理学者。二一歳のときに、ＡＬＳ（筋萎縮性側索硬化症）を発症し、車椅子にのって、電子音声によってことばを伝える「天才」科学者として、世界的に有名でした。二〇一八年三月に七六歳で亡くなっています。世の中には、どの分野でも解説本がたくさんあります。理解するのがむずかしい事柄を、素人のためにわかりやすく書いた本。そのような本もとても役に立つのですが、でもここでは、わたしは、なによりもその著者自身が、——たとえどれほどささやかであっても——自分の世界をもっている、そういう「創造」を果たしえた人であってほしいと思っています。

その点、スティーヴン・ホーキングは、文句なしに「一等星」のスターです。なにしろ、われわれの宇宙の「はじまり」は「限りがない」ことを、理論的に説明した人ですから。でも、この「意味」を説明するのは、わたしの手に余る。で、この本の訳者であり、じつは、かつてわたしもいっしょにお話ししたこともあるのですが、二〇〇一年に東大の安田講堂にホーキングを招いて講演をしてもらった、宇宙物理の専門家、佐藤勝彦《かつひこ》さんによる「訳者あとがき」を引用させてもらいましょう。

一九八〇年代になって、私〔佐藤さん〕もその提唱者の一人であるインフレーション理論が口火となって、物質世界を支配する力の統一理論に基づいた宇宙の創生の研究が爆発的に進歩するようになった。インフレーション理論は、一言で言えば、素粒子のように小さな量子宇宙を急激に膨張させ、その中に物質エネルギーを満たし、また銀河や銀河団など宇宙の構造の種を仕込む理論である。いわば、火の玉宇宙、つまりビッグバン宇宙の起源を説明しようとする理論である。インフレーション理論は、大きな成功を修め、観測からも支持が得られているが、しかし大きな問題が残っている。つまり、インフレーションを起こす〝量子宇宙〟はいかに創造されたのかという問題である。人類の起源、生命の起源、地球の起源……、あらゆる起源の問題は究極的に宇宙の起源の問題に帰る。世界の各地で残されている創世神話に見られるように、世界＝宇宙の起源は人類の歴史が始まったころから問い続けてきた究極の問いかけなのである。宇宙は、科学的に言えば、時間・空間およびその中の物質的存在のすべてである。ホーキングと協力者ハートルは、一九九三年、これに答えるために「無境界仮説」を提唱したのである。ホーキングは得意になって「果てがないのが、宇宙の果ての条件なのだ！」と言う。ここでの果ては空間的果てだけではなく時間的な果てをも意味している。果てがあると言うことは、実はそこに〝神の意志〟が入り込むと言うことである。いわば神の介入なしに宇宙ははじまるのだという仮説である。現在この仮説により量子宇宙が始まり、引き続いておこるインフレーションによってビッグバン宇宙は始まったというのが、学界のパラダイムである。

ここではっきりと言われているように、「人類の歴史が始まったころから」人類が問いつづけてきた「世界はどのようにはじまったのか?」という究極の起源への問いは、われわれの時代は、もはや神話や文学が答えるものではなく、なによりも数理に基礎を置く自然科学が答えるものとなったのです。同様に、「人間はどこから来て、どこへ行くのか?」というような哲学的でもある問いにも、——けっして全部ではないにしても——きっと現代生物学の遺伝子の科学が答えることになるわけです。二〇世紀とは、そのような大転換が人類の「知」にもたらされた革命的な時代だった。だから、二一世紀を生きる君たちは、けっして自然科学を毛嫌いしたり、わからないとあきらめたりしてはいけない。たとえ、その方程式が言わんとすることがすぐに十全にわからないとしても、それが開く地平がどんなものなのか、については関心を寄せることができなくてはならないのです。

宇宙には無限の歴史がありえた

では、佐藤さんの解説の引用文に出てくるこの「無境界仮説」を、ホーキング本人は、この本のなかで、どう「解説」しているでしょうか? かれは、「宇宙の果て」について、「空間と時間がなめらかで特異点がない」という説、そして「密度が無限となったぎざぎざな時空の端」という第二の説に対して、ジム・ハートルとともに、第三の可能性があることに気づいたと言ってつぎのように書いています。

つまり、宇宙には時空の境界は存在しないのかも知れないということです。(…)もう一種類の時間、虚時間が存在します。虚時間は、私たちが過ぎ去っていくのを感じる普通の実時間と、直角に交わっている時間です。実時間での宇宙の歴史は虚時間の歴史を決定し、逆もまた同様です。しかしその二種の歴史は大きく異なっていても良いのです。虚時間方向には、宇宙はとくに、始まりや終末を必要としているわけではありません。虚時間は、空間的な方向と同じように、つまり空間次元がもうひとつ増えたかのように振るまいます。よって宇宙の虚時間の歴史は、ボールや板やサドルの形のようにゆがんだ平面として考えられます。ただしこれらは二次元ではなく四次元です。

この文章を読んだからと言って、われわれはすぐにこの「意味」を完全に理解できるわけではない。それは、わかっています。でも、だからこそ、この本では、この部分にちゃんと図が入っている。それは、「ボール」、「平面」、「サドル」の形（の二次元の投影）です。
そして、その上で、ホーキングは、われわれの宇宙の歴史の形が、「平面」や「サドル」のように「無限の空間へと」続くようなものではなく、「ボール」のように、「閉じた曲面」であるという仮説を導入します。

もしハートルや私が提案したとおり、虚時間での宇宙の歴史が本当に閉曲面であるなら、私たちの世界観にかかわる〝私たちはどこから来たのか〟という哲学課題に対して示唆をあたえることになります。宇宙は完全に自己完結した存在なのです。つまりぜんまいを巻いて宇宙を時間発展させるように設定する外部の存在は必要としないのです。

では、この議論はどこに向かうと思いますか？
この理論から出発して、宇宙には無数の歴史がありうることが導きだされ、しかし「これらの理論的に考えうる宇宙やその歴史のほとんどは、わたしたち人類が生まれ、進化するのに不可欠であった銀河や星が形成されないものだ」ということが言われます。すると、私たちの住んでいる宇宙の歴史はきわめてまれな、選ばれたものだということを意味しているのです。銀河と星が生まれる宇宙は、考えられる多くの宇宙の中でもほんの少数でしょう。これはいわゆる人間原理の例のひとつです。

本書をはじめから読んできてくれている君は、第2章のパスカルの文章を想い出しませんか？　「考える葦《あし》」であった人間は、いまや、宇宙の起源を考え、それを理論的に理解し、そうすると、この宇宙がまさに「人間が生まれることができるようにつくられた」きわめて稀なケースであることを認識するのです。われわれの「宇宙」は、奇跡的に、われわれがそこに生まれ、そこに住み、そして「宇宙」そのものを科学的に認識するように、できている！

こうして一七世紀の哲学者パスカルと二〇世紀の物理学者ホーキングが、君の頭のなかで「対話」をする。じつは、これこそ、読書というもののほんとうの「力」なのです。

人間は虚の時間を生きている

ここで小さな括弧を挿《はさ》んでおくなら、わたし自身、ここで言われている「虚時間」というアイデアにとても魅惑されています。これは、もちろん、わたしのファンタジーということになるのでしょうが、まさに人間という存在は、リアルな実の時間を生きるだけではなく、同時に！　つねに「虚の時間」、想像的な時間を生きているとわたしは認識しているからです。過去－現在－未来という「実の時間」があって、たとえば「過去」の「記憶」を保持し、「未来」を「予想」するというだけではなく、比喩的に言えば、それと「直角に交わる」もうひとつの「虚」の時間、ファンタジーの時間を生きている、と。わたしたちの存在は、本質的に、「実」と「虚」が交わるような、つまり数学的に言えば、複素数的なのではないか、とわたしは真剣に考えています。

いまの学校教育では、君たちはいつ、虚数とか複素数とかを習うのだったでしょうか。

$$i=\sqrt{-1}$$

この式を覚えさせられるわけですね。でも、ほとんどの先生は、この「意味」を説明することができません。式はわかる、でも、これが何を意味するのか、これがどんな世界を開くのか。それを、ほんとうに「わかる」というのは途方もないことなのです。

前にも言ったように、わたしは、少年時代は物理学者を目指していたのですから、数学の成績は悪くはなかった。でも、虚数も複素数も三角関数も、計算問題はちゃんと解くことができましたが、じつは、その「意味」は全然わかっていなかった。それが、われわれの世界においてどのような地平を開いてくれるのか、知らなかった。計算はできるけれど「意味」はわかっていない！　あるとき愕然としましたね。

だから、五〇歳をすぎて、勉強し直しました。そして、そのための素晴らしい本に出会いました。吉田武『虚数の情緒』です。なんと副題は「中学生からの全方位独学法」となっている。しかも、これ、なんと一〇〇〇ページもあるんです。まさに、わたしが高校時代に抱えていたあの『中原中也《ちゅうや》全集』や『パスカル全集』と同じような重さ、厚さです。しかし、これは、あくまでも中学生のための本、しかも独学する中学生のための本なのです。だから、漢字には全部ルビがついている。そして計算器を使って、自分で結果を確かめながら、少しずつ虚数の世界、複素数の世界に入っていく。その頂点は、もちろん、誰もが認める、世界でもっとも美しい数学の公式であるオイラーの公式、

$$e^{\pi i} = -1$$

です。ここでは、指数関数と三角関数と虚数（複素数）とが、溶け合っている。そしてそれに続いて、最後には「量子力学の基礎」にまで到達する。いや、それどころか、その量子力学の原理が、われわれの脳に適用されて「量子脳力学」への路が示されるのです。ああ、中学生のとき、この本に出会っていたら、わたしの人生は変わっていたかもしれない、とつくづく思います。

この本を手にとってくれた中学生のうちの三人くらいが、わたしの挑発を受けて、この本を手にとって一夏かけて読破してくれたらなあ、と願っています。

だから、ほんとうは、この章の「この一冊」は、この本にしてもよかったのですね（次点として掲げておきますね）。きっとどの中学・高校の図書館にも入っているはず。ぜひ読んでほしい。世界が変わります。数学というもののほんとうの「美しさ」（「情緒」と言ってもいいのですが）がわかります。そして、そこに、われわれのこの世界を読み解くもっとも強力な秘密の「鍵」があることを知ってほしいのです。

ホーキングの本はたくさんあります。最初の本は、一九八八年の刊行の『A Brief History of Time』（邦訳は『ホーキング、宇宙を語る』）で、これは世界的なベストセラーになりました。わたしの本棚にも、いったいいつ買ったのか覚えていないのですが、ポケット版の英語の原著がみつかりました。

また、つい最近では、死後の出版ということになりますが、ホーキング『ビッグ・クエスチョン』が出ています。これは、「〈人類の難問〉に答えよう」という副題がついていて、「神は存在するのか？」から「より良い未来のために何ができるのか？」まで一〇の難問に、かれが答えるというとても読みやすい形式で書かれた本です。

わたしとしては、どれから読みはじめてくれてもいい。ただ、いま、自然科学の最先端で、どのように世界が問われているのか、そのイメージをつかんでほしい。ここで取り上げた『ホーキング、未来を語る』は、原著が二〇〇一年刊行で、第二作になりますが、コンピュータークラフィックスを使用した写真や図がふんだんに入っています。それらのイメージを見ているだけでも、いまの自然科学が、時空という世界の根源的な「次元」を、どのように考えようとしているのかがすこし感じられると思います。これはわたしの確信ですが、それは、君自身とは関係のない専門家の特殊な知識なのではなく、この「宇宙」に生きるわれわれの誰もが、密かに、それを生きている時間や空間の「形」でもあるのです。

途中で放り出してもいいから、手にとって、その不思議なイメージだけでもながめてみてください。

第9章　世界をふたたびつくりあげる

――アーシュラ・K・ル＝グウィン「ゲド戦記」

ことばは沈黙に
光は闇に
生は死の中にこそあるものなれ
飛翔《ひしょう》せるタカの
虚空にこそ輝ける如くに

『エアの創造』

この引用を読んだら、君たちのうちの多くは、ああ、あれだ、とわかるのではないでしょうか。そう、アーシュラ・K・ル＝グウィンの「ゲド戦記」の第一巻『影との戦い』の冒頭に掲げられているエピグラフ、つまり作品全体の方向性を示す「銘」の文です。

この第一巻の原著は、一九六八年の刊行。原タイトルは、A WIZARD OF EARTHSEA

（アースシーの魔法使い）でした。邦訳は、一九七六年ですが、そのとき「ゲド戦記」という、カエサルの『ガリア戦記』を模したシリーズのタイトルが打ち出され、それが定着しています。原題のEARTHSEAは、見てわかるように、「大地・海」ですから、そのままもってくるのはむずかしいという判断だったのでしょう。わたしの書棚の隅にいまでも並んでいる訳書は、第三刷で一九七七年発行。七七年というと、わたしは博士課程の学生で、少し後には、とうとう念願のパリ留学に出発するところでしたが、どうやら最初の三巻をまとめておなじときに購入しているようです。三部作を一気に読んだのだと思います。以来ずっと、ル＝グウィンのこのシリーズは、わたしにとっての「秘密の枕頭の書」です。四〇年以上も経って、いまだって、ときどき寝る前にぱらぱら読んだりしますから。

すべては「名」から始まる

わたしがもっている『影との戦い』は、函《はこ》に入っています。とりだして、厚い表紙をめくると、そこに地図がある。「アースシーの世界」と書いてある。全体は「アーキペラゴ」（群島）となっていて、たしかにたくさんの島々が描かれています。ちゃんと方位盤も尺度表示もあります。マイル表示ですが、それをみると、だいたい全体が五〇〇〇キロ四方ということになるでしょうか。これが、ル＝グウィンが創造したEARTHSEA、つまり「世界」です。

では、ここで、ちょっと課題を出してみましょうか。

課題　われわれ人間が住む世界という条件のもとで、また、「アーキペラゴ（群島）」という制約のもとで、現実の地球とはまったく異なる世界の地図を想像して描きなさい。

想像してください。どこに山があるのか、海岸線はどのように入り組んでいるのか、川は流れているのか、砂漠があるのか、森があるのか、人間たちはそこにどのように住んでいるのか、畑があるのか、町があるのか、大きな町なのか……でも、それ以上にたいへんなことがあります、それぞれの島、それぞれの地域には、いったいどんな名前がついているのか？　名、これがポイントです。

君の手が動いて紙の上にいくつもの島の形を描いていく。そこまではいい。誰でもできる。でも、ひとつひとつの島にどんな名を与えます？　いろいろ考えられるかもしれません。でも、なにでもいいというわけではありませんね。名は、番号でも記号でもない。番号や記号は機能本位です。間違わないように番号が振られる。でも、名はそうではない。それだけではない。

で、もし君が、紙に地図を描いたひとつの島が実際に、海の彼方に見えてくるその瞬間のイメージをもつことができたなら、そのとき島の「名」が君に降ってくるかもしれません。「名」を通して、なにかが存在しはじめます。たんなる図形ではなくなって、それがひとつの——もちろんファンタジックな——存在を獲得するかもしれません。

これこそ、「ゲド戦記」を貫く「魔法」です。

「ゲド戦記」は、「魔法使い」の物語。そこでは、「魔法」は、ものの「真の名」を扱えることに帰着します。すべては「名」からはじまり「名」に帰する。でも、それは、ただファンタジーの世界のなかの「嘘《うそ》」なのではない。それは、人間が言語をもち、言語によって生かされているという存在条件の根源において、われわれを支配している「力」なのです。あえて言うなら、われわれは、言語を扱うことにおいて、誰もが「魔法使い」なのです。

ということは、われわれは、じつは、すでにファンタジーの世界に生きているということ。ファンタジーこそが世界の根底にある。だって、——ひとつだけ例をあげますが——地球の

「現実」の上には、どこにも国境線などというものはないにもかかわらず、人間は、その地形の上に、勝手に、線を引き、国を分け、それぞれの社会をつくりあげている。そして、その上に自分たちのアイデンティティを構築して、自分たちを存在させている。無謀を承知の上で、ちょっと前章の物理学を引き合いに出して脚色してしまえば、われわれは、言語をもったことによって、すでにして「実」と「虚」の交差点においてこそ存在しているのです。

こういうことをあまり強調したくはないのですが、ル＝グウィンの父親がカリフォルニア大学の人類学科を創設した著名な人類学者アルフレッド・クローバーだったということも影響しているのか、彼女の「ファンタジー」の根底には、このように人類の根底的条件を見通そうとするきわめて強力な知性が働いているように思われます。

ゴント、カルガド帝国、手の型島、ローク、九十群島、竜の道、オスキル、ハブナー港、上の歯列島、下の歯列島、アチュアン、ペンダー、セリダー、ハートハー……ル＝グウィンの「アースシーの世界地図」にはたくさんの「名」が書き込まれています。でも、ひとつひとつ、たんなる符号なのではなく、そこに立ち昇るイメージがある。じつは、彼女は、ただ場所の風景を想像するだけではなく、さらに進んで——ここにこそ父親の影響があるのかもしれませんが——それぞれの場所の支配権力のあり方、宗教制度まで考え抜いているのです。

たとえば、第二巻『こわれた腕環』の舞台となる場所ですが、アチュアンという島には、闇を祀《まつ》る墓所があって、そこは女性の巫女《みこ》しか入れない、というように具体的な社会制度、さらには地下の迷宮を備えた神殿の構造までが細かく想像されています。

でも、ここでは、とりあえず風景に限定しましょうか。冒頭に掲げたエピグラフに続く『影との戦い』の本文の冒頭は次のようになっています――「たえまない嵐に見舞われる東北の海に、ひとつだけ頭をつき出す海抜千六百メートルほどの山がある。全島山のこの島の名はゴント。そして、このゴント島こそは数多くの魔法使いを生んだ地として古来名高い島である」

この短い文章のなかに、すでに、どれほどの想像力が働いていることか。山はただ山というだけではなく、その高さがどのくらいなのか、ちゃんと想像されています。主人公のゲドは、「ハイタカ」と呼ばれる魔法使いとなるのですが、すぐ後に続く、かれが生まれた村の描写は以下の通り――「ハイタカはゴント山の中腹〝北谷〟の奥の〝十本ハンノキ〟というさびしい村で生まれた。眼下には、谷間の畑や牧草地がゆるやかに海まで段状に続き、弧をえがいて流れるアール川に沿って、町もいくつかひろがっていたが、ふり返って仰げば、そこにあるのは森ばかりで、森はせりあがって、やがて、岩と雪の尾根へと続いていた」

ル＝グウィンにとって、「ゴント」という「名」は、このようなイメージとしっかり結びついている。だからこそ、ゴントという島が「存在」する。「ゴント」は、その「島」の「真の名」なのです。

読み手が本をつくる

ファンタジー作家ル＝グウィンは、こうして「魔法使い」です。彼女は強力な「魔法」をわれわれにかけてきます。とすれば、われわれもまたちゃんと「魔法」にかからなければなりません。いま引用した文章をもう一度読んでみましょうか。「眼下には、谷間の畑や牧草地がゆるやかに海まで段状に続き、弧をえがいて流れるアール川に沿って、町もいくつかひろがっていたが、ふり返って仰げば、そこにあるのは森ばかりで、森はせりあがって、やがて、岩と雪の尾根へと続いていた」――君の心のなかにどんなイメージが浮かびますか？どうやらそこは奥まった「谷」、住んでいる人もすくない寒村、牧草地や畑と森との境界線上にある最後の人里。その風景を君はどのように想像するか？君もまた「魔法使い」にならなければならない。いや、読んでいる以上、多かれ少なかれ、かならず「魔法使い」になっているのです。

別のエッセイのなかでル＝グウィンは、次のように言っています。

読むことは能動的な行為です。物語を読むことは、その物語に能動的に参加することです。読むことは物語を語ること、自分自身に物語を語り、物語を再び生きること、作者とともに物語を再び書くことです。一語一語、一文一文、一章一章……。証拠が欲しかったら、好きな物語を読んでいる八歳の子どもを観察してごらんなさい。その子は集中して、緊張して、獰猛《どうもう》と言ってもいいほど生き生きしているはずです。狩りをしている猫のように一心不乱に。物語を読んでいる子どもは、食事中の虎なのです。

（『ファンタジーと言葉』）

この文章に続けて、彼女は、断言します。「読むというのは非常に神秘的な行為です。これまでに見ることが読むことの代わりをしたことは絶対に一度たりともありませんし、これからも、どんな種類にせよ、見ることは読むことに取って代わりはしないでしょう」と。

そうです。まったく同意します。読むということは、「神秘的な行為」。「魔法」です。紙の上に書かれた文字を読んでいるだけなのに、作者とともに君自身がひとつの「世界」を、どれほど部分的であれひとつの「アースシー」を立ち上げているのですから。

ル゠グウィンは言います。「読んでいる読者が本を作る、本を意味へと導くのです。恣意的なシンボル、印刷された文字を、内的な、私的な現実へと変換するのです。読むことは行為、創造的な行為です」と。

若い君に一〇冊の本を薦めるという、わたしのこの本にとって、これ以上に力強い「応援」があるでしょうか。

でも、いまの時代、イメージが溢《あふ》れています。ファンタジーは、すぐに映画として、アニメーションあるいは漫画として、つまり「見えるもの」として与えられる。これもまたとても強力な「魔法」です。

しかし、ル゠グウィンは「見ることはこれに比べると受け身です」と断言しています。そして、言う、「映画を見ている観客は映画を作りはしません。映画を見るというのは映画のなかに取り込まれること――そのなかに参入すること――映画の一部になることなのです。映画に吸収されるのです。読者は本を食べますが、映画は観客を食べるのです」と。

もちろん、ル゠グウィンだって、映画が素晴らしいメディアであることを否定などしていません。でも、映画を見るとき、ある意味で、われわれは魔法にかかったまま、受動的なままなのです。しかし、読書は、「テクストと読者の間の能動的なやりとり」だと彼女は言う。そうです、われわれは「読む」ことを通じて、能動的に世界を想像＝創造するという共同作業に参加します。それは、世界をただ享受するのではなくて、世界を再＝創造（想像）する力を養ってくれるのです。

テクストは読者にコントロールされています――とばしたり、停滞したり、解釈したり、誤解したり、戻ったり、考え込んだり、ストーリーの流れに身を任せたり、それを拒んだり、判断したり、判断を修正したりと、読者は真にテクストと相互交流する時間と余裕を持っているのです。一冊の小説は、作家と読者との間の能動的で、同時進行的な共同作業なのです。

だから、わたしはここで、君に、ル＝グウィンとともに、「ゲド戦記」を、とりあえずその第一巻の『影との戦い』を、読むという「共同作業」をしてみたらどうでしょうと誘ってはいるのですが、その「世界」をつくるのは君自身だからと、最初の一ページにちらっと触れただけで、それがどういう物語なのかも、これまでまったく説明していませんね。それでいいのですが、一言で言えば、この第一巻は、ゴント島の寒村〝十本ハンノキ〟で生まれたハイタカ（ゲド）が、どのように成長し、「自分自身」になっていくのか、これは、第5章でもすでに触れた、いわゆる「通過儀礼」、イニシエーションの物語です。「真の自分自身」になるためには、すくなくとも一度は「自分の影」と向かいあい、対決しなければならない。でも、これがどれほど困難なことか、どれほど危険でもあることか、それを物語はみごとに語ってくれていると思います。

失われた均衡をとりもどす

物語の具体的な説明はしませんが、せっかく「アースシー」の世界地図からはじめたのですから、じつは、この物語は、地図のいちばん南東の端にあったアスタウェルという島からさらに外へ、つまり地図の外へ行ったところでこそ、すべてが決着するという激しい劇になっていることを、「キャッチ・コピー」のように、指摘しておきましょうか。ル＝グウィンの想像力は、つねに、「ファンタジーの世界」そのものの「外」までを問うのです。

さらに、もうひとつだけ指摘しておきたいことは、これは冒頭に引用したエピグラフが雄弁に語っていますが、「ゲド戦記」シリーズを貫いているモチーフに、きわめて乱暴な言い方ですが、どのように世界に「均衡」を回復するかということがあるように思われます。ル＝グウィンは、いつも、究極的には「失われた均衡を世界にどのようにとりもどすか」という問いを、彼女の主人公たちに問わせていると言ってもいいかもしれません。ことばと沈黙、光と闇、生と死、いや、それだけではなく、善と悪、男と女、支配者と被支配者、昼と夜……先ほど地図の上に現実にはない「国境線」が引かれることに触れましたが、人間は、言語を通して、つねに物事を二つに分け、二元的に判断する傾向にあります。しかも、かならず一方に加担し、他方を抑圧するような二元性です。それは、この世界がまた「力」の世界でもあるからです。「力」とは「戦い」です。「力」と「力」がぶつかって戦い、それによって、秩序が絶えず更新されていく。それが「歴史」というものです。

この文脈に引き戻すならば、「自分自身になる」イニシエーションとは、自分のもつ「力」に目覚めること。しかし、それが「力」であるがゆえに、そこにはつねに、他者との比較、他者への優越、あるいはその逆の劣等の感覚が生まれます。そこにこそ、ゲドの試煉《しれん》の根本的な原因があったのです。

「魔法」は「力」。でも、その「力」は、「力」である限りにおいて、どこかで世界の本源的な「均衡」を破ってしまう。そして、その「破綻」を繕うためには、たんなる「魔法」以上のなにか、「力」だけではないなにかが必要なのではないか、それはいったい何なのか、とル＝グウィンは問う。だから、彼女の作品は、ただ目もくらむような華麗なファンタジーの連続ではありません。「魔法」の物語であるにもかかわらず、「魔法」そのものへの深い懐疑のようなものすら底に潜んでいる。そこには、人間という存在への真摯な問いかけがあるのです。それが、ル＝グウィンの物語に、たんなるファンタジー小説にはおさまらない深さを与えているとわたしは思っています。

そして、その問いは、ある意味では、ル＝グウィン自身を、自分自身の作品、この「ゲド戦記」三部作の「核」すらも問い直すように導いていきます。三部作は、『影との戦い』（一九六八年）、『こわれた腕環』（一九七一年）、『さいはての島へ』（一九七二年）で、七〇年代のはじめにいったんは完結しているのですが、それからおよそ二〇年近くあとになって、「ゲド戦記最後の書」ということばとともに『帰還』（一九九〇年）が刊行される。さらに、二〇〇一年には、こうして四部作までに拡張された「ゲド戦記」の「外伝」とも言うべき、それぞれ異なる「時代」の異なる人物を主人公にすえた短篇《たんぺん》集『ドラゴンフライ――アースシーの五つの物語』と、『帰還』に続く完結篇とも言うべき『アースシーの風』が発表されます。つまり、シリーズは全六作となったのです。

この『アースシーの風』の最後の部分、結末のひとつ前のところで、五人の魔法使いたちが集まって、迫ってくる最後の劇――それは「死者」を永遠化するという人間の深い欲望がつくり出した「壁」をみんなで壊すという驚くべき劇なのですが――を予感しつつ、竜と対比して、人間という存在がどのような選択によって形成されてきたかを語り合う場面がありますす。わたしがすこし前に語った、人間の世界をつらぬく二元性のまたとない例証にもなっているので、その部分を引用しておくという誘惑に抵抗することができません。

守りの長は首を横に振った。「二手に別れて別の道を行こうという協定は実行に移され、途中で破られたものの、今、ひょっとすると、最後の仕上げの段階に入っているのかもしれません。」

長は言った。「竜は自由に生き、残されたわたしたちは自らの選択を引き受けていく。それしかないのではないでしょうか。」

「善と悪に線を引くことを選びましたものなあ、わたしたちは。」オニキスが言った。

「ものをつくり、形にしていくよろこびも。わたしたちが獲得してきたものといったら、たいしたものです。」セベルが言った。

「そう。それに、欲の深さも、弱さも、不安も。」アズバーが言った。

われわれは、この「人間」という選択を引き受けなければなりません。と同時に、冒頭のエピグラフに言われていたように、「生は死の中にこそあるものなれ」、つまり分けられた二つは、ただ分けられているだけではなく、深く相互に補いあっているということを知らなければなりません。それが「均衡」ということ。それは、ひとりひとりの君自身にとってもそうなのです。ひょっとしたら、人間がこの地上でほんとうに学ぶべきことは、ただひとつ、そのことだけかもしれない。そのことを、こんなにも魅惑的な物語で教えてくれる「ゲド戦記」は「大人」へと、つまり「自分自身」へと「通過」していくイニシエーションにとって、文字通り最良の「入門書」であるかもしれません。

この最後の『アースシーの風』においては、ゲドは、もう「七十かそこら」の老人となっていて、樹にのぼってスモモを採り、キャベツに水をやっているだけ。物語の最後で、いっしょに住むテヌーが、長い激しい旅から帰ってきて、ゲドにその「アースシーの風」の物語を語ります。

そして、これが全巻の末尾ということになるのでしょう、「ゲド戦記」のシリーズは次のように閉じられます。

ゲドは西の空から目を移して、背後の森を、山を振りあおいだ。山はいつかすっかり暗くなっていた。

「ねえ、わたしの留守の間、何してた？」

「家のことさ。」

「森は歩いた？」

「いや、まだ」ゲドは答えた。

なんと美しい終わりでしょう。ちょっと泣けますね。

まさにぴったり「七十かそこら」のわたし、スモモを採ったり、キャベツに水をやったりはしていませんが、もし誰か「森は歩いた？」と聞く人がいたら、にっこり笑って「いや、まだ」と答えてみたいですねえ。

第10章　野生のまなざしを学ぶ——檀《だん》一雄『檀流クッキング』

この第3部、「いろとりどりの世界」と題されています。つまり、いわゆる言語によって表現される世界とは異なった世界のあり方へと——もちろん本ですから、言語を通してなのですが——迫ろうとしている本をあげてみたいと思うわけです。

ですから、最初は、スティーヴン・ホーキングの本を通して、「数理」によって表現される法則がコントロールする世界をちらっと垣間みることをためしてみました。

そのつぎに、「理性的な」と言ってもいい、そのようなアプローチとは逆にあるファンタジー的、幻想的世界へ、アーシュラ・K・ル゠グウィンの本によって案内しようとしました。

はじめの自然科学的世界観が現実に応用されると、原爆からロケットまで、テクノロジーの世界が開けてきますが、つぎのファンタジーの世界では、それが「魔法」という仕掛けで考えられています。「技術」と「魔法」が対偶的な関係にあるのですね。

実際、いまのわれわれには「あたりまえ」のことですが、百数十年前の人類にとっては、何百人もの人がはいった大きな金属の容器が、わずか十数時間で、東京からパリへと飛んでいくなんて「魔法」以外のなにものでもないにちがいありません。でも、飛行機というこの「魔法」は、燃料・ターボ・エンジン・翼・流体力学……など、そのすべてが、「こころ」なき「物」の厳密な連鎖によって執行されています。もちろん、操縦士がいてスイッチを入れ、レバーを操作しなければ、飛行機は飛ばないのですが、しかし運転のメカニズムのどこにも、人間の「こころ」は入っていません。人間とは無関係に、「数理」的に解析が可能な、物理的、機械的なオペレーションが進行します。

それに対して、「魔法」の場合は、変化を引き起こすプロセスの「力」は、人間の存在、その「こころ」にあります。「ゲド戦記」では、ロークに魔法の学院があって、全世界の若き魔法使いがそこで学ぶわけで、「大学」のような教育拠点を魔法使いの世界のなかに想像したのがル＝グウィンのこの作品のおもしろさのひとつですが、「魔法」の根源的な力は、それぞれの魔法使いの「個」のうちにある。たとえば、ゲドは『影との戦い』のなかで「ハヤブサ」に姿を変えて飛行しますが、そのメカニズムは、数理・機械論的にはけっして明らかにならない。だからほかの誰も「ハヤブサ」になることはできないのです。

いずれにしても、第3部の最初の二つの「世界」は、まるで鏡の像のように、向かいあっていると言ってもいいでしょう。そのどちらも、「物」の力、あるいは「魔法」の力（これも「物の怪」というように、じつは日本語の奥深さのなかでは「物」と呼ばれていたりするのです！）によって、人間がもって生まれた人間の「力」以上のことを行ない、世界を変えさえすることにつながっていきます。ここに、人間という存在の真の姿が垣間見えるような気すらしてきます。

では、その上で、この二つの超人的世界のあとに、この本の最後に、君に差し出すべき世界はどんな世界であるべきか？

生き抜く力をくれた本

と、理詰めに考えたわけではないのですが、わたしとしては、等身大の「ふつうの世界」、君自身が毎日営んでいる「日常の世界」に戻って来ようと思いました。「君自身の世界」！

で、つぎのような文章です。

ゴボウを細くせん切りにして、よく水にさらし、ニンジンもせん切りにして、ゴボウ四、ニンジン一ぐらいの割合にまぜ合わせる。

ダシ代りの肉は、ブタの挽《ひ》き肉でも、余りものの煮魚をほぐしたものでも、何でもよろしい。

中華鍋に油を熱し（ラードでよいが、私はサラダ油）、猛烈な火勢で、その肉を瞬間いためる。続いて、ゴボウ、ニンジンを一挙にほうり込んで、一緒にいためるわけだが、少し油を多い目にした方がよろしいようだ。

次に砂糖を入れる。酒を垂らす。塩を入れる。酢を入れる。淡口醤油《しょうゆ》を少々加えて、味をととのえれば終わりだが、手早くしよう。

愚図愚図ダラダラと、ゴボウの歯ざわりや、匂いを失ってしまったら、せっかくのキンピラゴボウは台なしになる。

出来上がりに近く、上質のゴマ油を垂らし、白いペパーをふりかけ、タタキゴマを散らせばそれで、よろしい。

ちなみに、私は、種子抜きのトウガラシを薄く小口切りにして、ゴボウ、ニンジンをいためる時に、ちょっと辛味をきかせるならわしだ。

キンピラゴボウの作り方です。ちょっとびっくりしてくれたでしょうか？　こちらは「種子」を抜かないで、すぐに「種子」を明かしましょう。作家の檀一雄の『檀流クッキング』

です。「カツオのたたき」から「ビーフ・シチュー」まで九四の料理の作り方が紹介されています。もともとは一九六九年二月から七一年六月まで毎週一回「サンケイ新聞」に連載されていたもの。それがまとめられて本になったもので、いくつかの版がありますが、ここでは一九七五年に中公文庫に収められたものに依拠しています。

じつは、すでに述べたように、若いころに、「パリに行くのだ！」と激しく願っていたわたしは、ようやく七七年春に、約一カ月の滞在のために、はじめてパリに行くことができたのでした。そして翌年、なんとか難関のフランス政府給費留学生試験に合格できて、晴れて三年間の予定で、パリ第一〇大学（博士課程）に留学することができました。そのとき日本からもっていった数冊の本——（もちろん『ジャコメッティとともに』がありましたし、いま思い出すと辻邦生《つじくにお》『背教者ユリアヌス』もあったなあ！）——のなかに、この文庫本があった。そして、ほんとうに、この本から「生きる力」をもらった。しかも、それは、もっとも基本的な「生きる力」、つまり「食べる力」でした。食べて、眠ることができれば、人間、生きていける！——その獰猛《どうもう》な力をめざめさせてくれたのが、この本だったのです。

一度引っ越しをしていますが、パリでは、わたしはモンマルトル地区の、机と（ベッド替わりの）マットレスを敷いただけでほとんどいっぱいになってしまうような小さな部屋に住

んでいました。フランス政府がくれる給費は大した額ではないので、もちろん家庭教師とか通訳とかアルバイトはしていましたが、毎日、外食することなどとてもできません。ふつうなら大学の学生食堂に行くところでしょうが、博士課程ともなると毎日授業があるわけではなく、ほとんどは自宅でフランス語の難しい研究書を読んでいる日々ということになる。日本から遠く離れた異国の孤独な生活の底において、わたしは、たぶん人生ではじめて「食べる」こと、「料理をする」ことに直面したのかもしれない。しかしそのとき、なんという幸運、そこに『檀流クッキング』という料理の「聖書」！があったのです。

　とすれば、おそらく、きっといま、毎日、自分が料理をしなければならないわけではないだろう君に、ここでこの本を薦めるのはいかがなものか、という「声」が聞えてこないわけではないのだけど、知ったことか！　この本は、徹底して「作り方」を書いてはいるのだが、けっしていわゆる「レシピ本」ではない、そこをこそ読んでほしいのだ、と言い放っておくことにします。

　この本の「まえがき」を読むと、「そもそも、私が料理などというものをやらなくてはならないハメに立ち至ったのは、私が九歳の時に、母が家出をしてしまったからである」と書いてある。母親は「出奔」し、学校の教師だった父は「生まれた時から、一度も、メシを炊いたり、おカズをつくったりしたことがなかった男」であったと。「おまけにピンと髭《ひげ》を立てていたから、魚やダイコンの買い出しなど、まったくやろうともしない」。「小学校にも入らぬ妹が三人」もいて、「結局、食うために、私が一切買い出し、私が一切、料理をやる以外になかったのである」というわけです。こうして必要に迫られて、檀一雄は九歳のときに料理に目覚める。誰かに教わったわけではない。料理学校に行って習ったわけではない。ただその場その時、食材を買い出し、料理して、食べる――つまり料理を日々「独学」する。そして、それを五〇年間続けた。その「野生の学び」を、この本のなかにぶち込んでいるのです。

いいですか、わたしは君にここに書いてある料理をつくってみたら、とこの本を薦めているのではない。つくらなくてもいいのです。ただ、「食べる」という毎日のもっとも基本的な人間の営み、そして料理という対象を「見る」獰猛な、野生の眼差しを学んでほしい。それを、こころのどこかに、マークしておいてほしい。食事は、誰かがつくって、自分の前においてくれるものだ、などという思い込みがあったら、それを括弧に入れてほしい。そして、いまはそうしなくとも、必要があるときがきたら、いつでも料理ができる、しかもおいしい料理をつくることが出来る人になってほしい。万一、君が「ぼくは男だから料理などできなくていい」などという完全に間違った観念を自分に植えつけてしまっていたなら、ただちにそれを抜き去って、世界が与えてくれる食材を料理しておいしく食べることこそが、人間にとって、もっとも根源的な、もっとも大事な「生きる」ことなのだ、と思い直してほしい。

リズムを刻む

この本は、「春から夏へ」、「夏から秋へ」、「秋から冬へ」、「冬から春へ」と四つに区分されています。それからもわかるように、まず料理に向かういちばん大事なファクターは季節です。同時に、土地です。そしてみずから「旅行癖」、「放浪癖」を自認する檀一雄ならではですが、その土地が、世界各国に及んでいる。「この地上で、私は買い出しほど、好きな仕事はない。あっちの野菜屋から、こっちの魚屋と、日に三、四度は買い出ししてまわっている。(／)日本中はおろか、ひょっとしたら世界中の市場を買い漁ってまわっているようなものかもわからない」とかれ自身言っています。春夏秋冬という移りゆく季節の旬のものを食べる。そして、そのとき自分がいる土地のもっともおいしい食材を食べる。季節を食べ、土地を食べる。そうして自分がいるところが「世界の真ん中」であることを実践する――「また、私の同化性というか、適応性というかは、人なみはずれているようで、ロシア人と一緒にいればロシアのものを食い、朝鮮人と一緒にいれば朝鮮のものを食い、日本のオフクロのみそ汁でなくっちゃ、という帰巣本能に乏しいようだ。というより、オフクロの味をよその味と思っているわけで、私が真ん中であり、私が移動すれば、私の移動先の味が私の味だと思い込んでしまうようだ」

そして、まずは高知という土地と結びついて「カツオのたたき」、ついで「端午の節句」が近いからと「中国風の肉チマキ」、タケノコの季節だからと、京都あるいは久留米のタケノコで「タケノコの竹林焼き」、そこからとんで「イカのスペイン風・中華風」、中国の町をうろついた記憶からはじまる「レバーとニラいため（モツ料理1）」……と来て、「六月十九日は桜桃忌である」という冒頭の一文があって「みそ汁と丸鍋（ドジョウとウナギ1）」と続くのです。最後の「桜桃忌」は作家・太宰治の忌日、日本の戦後文学の流れのなかでは、檀一雄は、坂口安吾《あんご》・太宰治らのいわゆる「無頼派」の最後の一人と言われています。敗戦による人間にとっての根本的な価値の崩壊・転倒を、あくまでも一個の個人の生の燃焼によって受けとめた文学者たちのグループですが、ある種の戯作的なアイロニー（皮肉）に満ちたその精神が、じつは『檀流クッキング』という本のなかにも流れていて、それが、いわゆる料理本とは一線を画する、珠玉の文学的エッセイにしていると言ってもいいかもしれません。

で、もう一度、キンピラゴボウの作り方を読み返してみてください。世の中にはたくさんの料理本がありますが、そのほとんどは、なによりも材料の分量にこだわる記述になっています。小麦粉二〇〇グラムとか、醬油大さじ一杯とか。しかし『檀流クッキング』には、まるで物理実験をやっているかのような、そういった分量の記述がほとんどありません。つまり、食材や調味料という「物」をどのように扱うか、という対象の視点で書かれているわけではないのです。逆にそれは、あくまでも、料理をつくる人の「行為」の視点から書かれている。

そこがすごいのです。

そして、あえて言わずもがなのことをつけ加えるなら、ここで決定的なのは、リズムです。「次に砂糖を入れる。酒を垂らす。塩を入れる。酢を入れる。淡口醬油を少々加えて、味をととのえれば終わりだが、手早くしよう」――このリズム！　これが「(檀流) クッキング」！　なのです。

料理は、リズム！　そう、音楽！　その季節、その土地の「世界」を、自分という一個の身体で生き、味わう音楽、ダンス！　そこに、「生きる歓び」が噴き出す。それさえつかめれば、別に檀一雄の言うとおりに料理をつくらなくてかまわない。君自身の身体が踊るそのままにクッキング！

そう、書くことだってクッキング！　だから、この「ノリ」に乗じて、乱暴なことを叫んでしまえば、「意味」じゃないんだよ、重要なのは。「リズム」なんだよ！　「生きる」ことは。だから自分の「リズム」をもつこと、できる限り繊細に、かつ激しく。優しく、強く。そうして「味をととのえる」、そうやって「自分」という食材をそのつど料理する！　すると、わかる。料理は、自分が食べるためだけにするのではなく、自分が他者とともに分ち合うためにこそ、つくるのだということが。食をシェア（share）することこそ、地上に生きる人間にとって、もっとも根源的な行為だということが。

ゴボウをさがして

でも、「柿の葉ずし」、「シャシュリークと川マスのアルミ箔《はく》包焼き」、「サフランご飯」、「ブイヤベース」、「牛の尻尾のシチュー」……などとおいしそうなものがいっぱい並んでいるのに、なんでここで「キンピラゴボウ」なのか？

それは、じつは、『檀流クッキング』を読んでパリでわたしが最初につくったのが、「キンピラゴボウ」だったからなんですね。檀一雄も書いていますが、「今日、ゴボウ愛用の国は、日本が第一」、ニューヨークの、チャイナタウンで、ゴボウを買ってはみたが「まるで豆腐のようにフワフワとしたキンピラゴボウ」になってしまった、と。パリでも同じかな。「ゴボウ」はフランス語では、サルシフィ（salsifis）というのだけれど、これは、日本のような長いゴボウではない。しかもあまり八百屋さんの店先には並ばない。でも、これを読んだ以上は意地でも「キンピラゴボウ」をつくるとパリ中を探しまわって、その確かに歯ごたえには欠ける「ゴボウ」もどきをもちいて、キンピラゴボウをつくりました。ほかの料理も二、三つくったかもしれないけれど、鮮やかに記憶に残っているのは、「キンピラゴボウ」でした。だから、これを取り上げたわけですが、でも、それがわたしに、料理をする度胸をつけてくれたのは確かです。留学時代の終わりごろに、友人の画家が住んでいた（むかし、若い時代のピカソが住んでいたことで有名な）「洗濯船」と呼ばれる集合アトリエで、日本人の友人がフランス人の音楽家と結ばれる結婚披露パーティ、その数十名の会食を――もちろん中華レストランから大量に燻製《くんせい》など出来たものを買ってきたのですが――わたしが担当したりもしました。それは、料理にかんする、わたしの人生における最大の「栄光」なのですが、『檀流クッキング』がなかったら、そんなことはできなかったにちがいありません。

　だから、その後、大学の教員になってからも、海外留学に旅立つ学生たちにはいつも

「『檀流クッキング』だけはスーツケースに入れて行きなさい、これがあれば、地球上のどこでも生きていけるから」、と言っていたのです。

こうして「キンピラゴボウ」でこの本は終わろうとしているのですが、この章を書きながら、もう一冊の本がこころに浮かんできました。第8章で、すでに、『ホーキング、未来を語る』に続いて、「次点」として、吉田武『虚数の情緒』をあげさせてもらいました。ならば、とここでも、もう一冊「次点」として掲げることをゆるしていただきたい。

というのも、それが料理にかかわるからです。ある意味では、料理にかんして、『檀流クッキング』のつぎに、わたしに深い感動を与えてくれた本ということになるでしょうか。しかもそれは、今度は、とても緻密なレシピなのです。色鉛筆で手描きのスケッチも添えられています。これは、作曲家・武満徹《たけみつとおる》さんが、死の直前に病院のベッドでかいた五一の料理のレシピ。「キャロティンの祭典」と題されて、入院中の日誌をまとめた「滞院報告」とあわせて、『サイレント・ガーデン』として一冊になっています。

じつは、この本については、第7章でも触れましたが、わたしと中島隆博さんとの共著『日本を解き放つ』の最後に収められた対談の最後で、わたしが、結果的には「死に向かうベッド」の上で、ひとりの真正なアーティストが、ただひたすら自分がつくりたい料理のレシピをかき続けたことに感動したことを語っていますので、それを引用させてもらいます。

小林　最後にもう一度、武満さんに戻りますけれど、わたしがとても感動するのは、かれの最後のノートというか、虎の門病院に入院なさっていて、そのときに、色鉛筆で食材の絵を描いて、そこにレシピが書いてあるスケッチ帖《ちょう》(『サイレント・ガーデン』新潮社、一九九九年)。自分が食べたいと思うものを描いているのでしょうけど、病院のベッドで、結果的には死に臨んだ人生最後の時間、もちろん日誌的メモもあるのですが、観念的なことや感情的なことはまったくなくて、ただ食べ物、しかもそれが食べたいと書いてあるのではなく、どうやってつくるかが書いてある。スケッチも入って。

中島　卵焼きとかですか。

小林　いや、もっと凝ったものなんですよ。「松茸《まつたけ》となめこのパスタ」とか「鮑《あわび》めし」とか「ビーフ・ストロノガーノフ(コーカサス風)」とか、およそ五〇のレシピ。たとえば「鮑めし」だったら、「米はといでだ、し、昆布をいれておく。ごく少量の塩」、「鮑は一糎《センチ》角五粍《ミリ》厚ていどの喰べ易い大きさに切る。酒で洗う。」と下こしらえからして細やかなんです。ほんとうに神経がすべてに行き届いている。病床にあって、人生の最後に臨んで、こういうものが五〇というオーダーで描かれ、書かれたということに、わたしは心うたれます。どんな哲学的なことばよりも、この表現が、地上における人間の姿を美しく語っているというような感じかな。

そして、これを踏まえて、最後にわたしは、武満徹は「だから美しい人なんですよ。人として美しい。純粋なものがある。料理なんだから、食べるという欲望もあるのだろうけど、それをこのように美しく表現できる。その表現の過激なまでの純粋さにかなあ、わたしが感動しているのは。そんな気がしますね」と言っています。病床にありながら、いや、そうであるからこそ、地上に生きる人間の生の原点とも言うべき「食事」への純粋な思いが迸《ほとばし》っている。「食」もまた、そのつど立ち昇る「世界」という「音楽」であるのかもしれませんね。

おわりに

こうして一〇冊の本をめぐる、わたしの「旅」も終わりました。

最初の本『幽霊たち』についてのテクストを書いたのは、昨年（二〇一八年）の年末で、書き上げた原稿を、正月あけ四日に「初荷」だと言って、編集者に送ったのを覚えています。それからだいたい一月に一冊か二冊のペースで書いてきて、今年（二〇一九年）の八月九日に最後の「キンピラゴボウ」の章を書き終わりました。本文中でも告白しているように、第六章・第七章あたりは、どの本を取り上げるか心が定まらず苦しんだ時期もありましたが、本が決まると、ほとんどの場合、眼の前にいる「君」に語りかける調子で、二、三日で一気に書きあげることができました。おわかりのように、ただ本を紹介するのではなく、わたし自身の人生も振り返りながら、それぞれの本がわたしにとってどういう「意味」をもっていたかを語りつつ、その経験を通して、読者の「君」に、わたしが考える「生きるためのヒント」を伝えたいと思ったのでした。

じつは、わたしはいま、この本の初校のゲラを読みながら、いわゆる「校正」作業をしているのですが、まとめて読み返してみて、多少むずかしい表現になっているところもあるけれど、わたしの「願い」あるいは「思い」は、それなりに書きこまれているのではないかな、と感じました。これでよし、と。これらの言葉が、もうそんなに先が長いわけではないだろうわたしが、これから――さまざまな困難が人類に降りかかってくるにちがいない――きびしい時代を生きていく「君」に、声をひそめてそっと贈る（送る）言葉として、小さな一冊の「本」となる。それは、ありがたいこととしみじみ思います。

この本は「秘密」からはじまったので、最後に、この本の個人的な、あまりに個人的な「秘密」をあかしておきましょうか。この本は、ごらんのように、「君」に語りかける文体で書かれています。その「君」は、もちろん、いま、この文を読んでくださっている「君」ですが、じつは、わたしがこれを書いているときには、現実的な姿が見えない「君」にではなく、もうすこし具体的な「君」に向かって語りかけていました。

誰に向けてだったか、というと、じつは、わたしの二人の孫に向けてです。現時点で五歳の壱青《いっせい》君、そしてこの本の最初のテクストが書かれた直後に生まれた晶眞《しょうま》君。この二人が、あと十数年後、どんな少年になっているかはわからないけれど、万一この本を手にとってくれたとしたら、そのときかれらの「パピー」（フランス語で「おじいちゃん」のことですね）はかれらに、なにを語ろうとするだろうか、そう思いながら書いていたのです。そう、二〇世紀に育った「おじいちゃん」が二一世紀を生きていく孫たちにどんな「ことば」を「伝授」するか、です。

もうひとつ、みなさんに伝えておきたいのは、――これは「本」についての本なのですから――本は、著者が書いたら、それでできるのではなくて、多くの人の協同作業を通してつくられるということ。本は、アート作品と同じように、人間がつくり出す「作品」なんですね。しかも手にとって触れて、開いて読むことができる「作品」です。

正直に言えば、いまこの段階で、本のタイトルも決まっていなければ、装幀《そうてい》も決まっていません。わたしが本文を書き上げたところで、ようやくそうしたモノとしての「作品」をどうつくるか、という協同作業がはじまった段階なのです。

こうして一冊の本には、編集、装幀、デザイン、印刷、製本……等々といろいろな作業に多くの人がかかわってくれるのですが、その全部を仕切っているのが編集者です。すでに

「はじめに」のところで「清楚なたたずまいの女性編集者」が登場していますが、それが平野洋子さん。一章書きあげると、わたしはすぐに平野さんに原稿をメールで送るのですが、すると、彼女は、即刻――楽屋裏をちらっと公開しよう！――（たとえば第七章の場合ですが）「Homeを離れて、No-man's-landに立ってみることを想像するの自体、いまの日本の若者たちにとっては、ひょっとしたら昔よりも難しくなっているのかな、という印象がありますが、こうやって力強く小林先生のお言葉で語りかけていただけると、きっと共同体の殻を破って抜け出てみたい、と思ってくれる若者が出てくるのではないか、と希望を感じました」とメールをくださって、「いちばん最初の読者」として反応してくれるのでした。こういう励ましを受けてこそ、著者は、書くという「孤独な旅」を続けることができるんですね。どんな仕事もそうですが、名前が出る人の陰には、かならず至近距離でその人を支える伴走者がいるもの。そして、そこには、その第七章で触れたように、「創造的な対話」があるのです。「孤独」を通してはじめて創造的な仕事が生まれるのだけど、かならず陰の協力者がいるのですね。

もうひとり伴走してくれた協力者をあげておくと、大塚砂織さん。この本のために一〇枚のイラストを描いてくれました。いいですねえ。君のようにすてきな女の子と男の子が「本の森」のなかをさまよいながら、少しずつ成長していくほのかな物語。わたしは勝手に「間奏曲2」で触れた「魔笛」のパミーナとタミーノ（あるいはパパゲーノとパパゲーナ）のことを重ね合わせてしまいました。そして第9章で述べているように「名前が大事」なのだからと、女の子は「ミーナ」、男の子は「ゲーノ」と名づけてしまいました。だって、最後のイラスト、まるでパパゲーノとパパゲーナが歌う「パ、パ、パ、パ」という歌みたいなんだもの！本を読み終わったら、もう一度、はじめに戻って、イラストだけを順番に見てみてくださいね。それは大塚さんの作品、しかも対話的な作品です。

ほかにも多くの人がこの本づくりにはかかわってくださるので、そのみなさんに、ここで著者として、お礼をもうしあげます。ありがとうございました。

＊

でも、まだ終わりません。最後に、やはりここでとりあげた本についての情報、いわゆる「書誌」を、まとめて掲げておきたいと思います。すでに気づいているはずですが、ひとつの本にも、さまざまな版があります。最初に単行本で出たものが文庫本になったり、また新しいテクストがくわわった増補版が出たり、ついには全集版などというものもあったりする。著者の死後五〇年経つと、いわゆる著作権が切れますので、そうなるとどの出版社でもその本をつくることが可能になります。

また、本文では、わたしが過去の自分の経験を語っていますから、わたしが読んだ版は、当然、一九六〇年代に出回っていた版だったりします。でも、それをいま「君」が手に入れて読むのはむずかしいかもしれない。わたしとしては、「君」が手に入れやすい版で読んでくれてかまわないので、ここでは、現在、もっとも入手しやすい版をリスト・アップしておきます。

また、これら一〇冊について、わたしは、それぞれの著者の解説をなるべく省く方向で記述を行ないました。ひとりひとりの著者の人生を語りだしたら、それだけで多くのスペースを必要としますし、またほんとうにその著者について知りたければ、いまでは、「君」自身でインターネットで検索すれば、たちどころに膨大な情報が出てきますから。でも、それではちょっと無愛想かな、と編集者の平野洋子さんが、その一〇人については、かんたんな紹介を書いてくださいましたので、それを合わせて以下に掲げます。

もうひとつ、本文では、その「一冊」以外にも、いろいろな本に言及しています。「次点」の本をあげた章もありました。そしてまた、わたし自身が「書く人」なものですから、自分の本に触れたところもありました。

これらの全部の書誌をあげることはしません。わたしの直観で、これもあわせて読んでみたら……と思う本を、各章について数冊程度あげておくことにしますので参考にしてください。

本の世界へのイニシエーション（秘儀参入）の本ですから、最後に「秘技」をひとつ。本を手にとったら、読みはじめる前に、手のひらにのせて、その「重さ」を実感してください。これからこの「重さ」を読むんだ！　と自分に言うのです。「本の世界」への「開け、胡麻！」です。

すてきな出会いが「君」をまっています。

二〇一九年一〇月六日

小林康夫

関連書籍一覧——さらなる読書のために

はじめに

・ゴッホ『ゴッホの手紙 改版』上・中・下、エミル・ベルナール編、硲伊之助訳、岩波文庫、一九六一—一九七八年
・ケネス・クラーク『ザ・ヌード』高階秀爾、佐々木英也訳、ちくま学芸文庫、二〇〇四年
・マルセル・デュシャン、ピエール・カバンヌ『デュシャンは語る』岩佐鉄男、小林康夫訳、ちくま学芸文庫、一九九九年

第1章

ポール・オースター　Paul Auster

一九四七年生まれ。アメリカの詩人、作家。大学を卒業後、フランスなど各地を放浪する。回想録『孤独の発明』で一九八二年にデビュー。『シティ・オヴ・グラス』『幽霊たち』『鍵のかかった部屋』の「ニューヨーク三部作」を八五年から八六年に発表して脚光を浴びる。他の著書に『ムーン・パレス』『偶然の音楽』、詩集『消失』などがある。

◎ポール・オースター『幽霊たち』柴田元幸訳、新潮社、一九八九年
・ニーチェ『悲劇の誕生』『ツァラトゥストラ』「世界の名著」第46巻、手塚富雄、中央公論社、一九六六年
・ロレンス・ダレル『アレクサンドリア四重奏』全四巻、高松雄一訳、河出書房新社、二〇〇七年
・ヘンリー・デイヴィッド・ソロー『ウォールデン 森の生活』上・下、今泉吉晴訳、小学館文庫、二〇一六年
・ダグラス・R・ホフスタッター『ゲーデル、エッシャー、バッハ――あるいは不思議の環 20周年記念版』野崎昭弘・はやしはじめ・柳瀬尚紀訳、白揚社、二〇〇五年
・ポール・オースター『孤独の発明』柴田元幸訳、新潮文庫、一九九六年

第2章

ブレーズ・パスカル　Blaise Pascal

一六二三―一六六二年。フランスの哲学者、数学者、物理学者。円錐曲線における定理の発見、パスカルの原理や確率論の考案など、科学においても、数々の功績を残す。『パンセ』は、キリスト教弁証論を著すための覚え書きが、死後まとめられて刊行されたもの。さらに、神学論争を展開した『田舎の友への手紙』なども発表し、その後もひきつづき同テーマで公表した匿名の手紙は、新しい版が出るとたちまち売り切れるほど注目を浴びた。

◎パスカル『パンセ』上・中・下、塩川徹也訳、岩波文庫、二〇一六年
・田辺保『パスカル伝』、講談社学術文庫、一九九九年

第3章

中原中也（なかはら・ちゅうや）

一九〇七―一九三七年。ランボーやベルレーヌの影響を受け、生の倦怠や虚無感を詩に著した詩人。河上徹太郎・大岡昇平・阿部六郎らとともに雑誌『白痴群』を創刊し、のちに小林秀雄らが率いた『文學界』でも作品を発表。また『四季』『歴程』の同人となった。代表作は他に「山羊の歌」「在りし日の歌」など。

◎中原中也『中原中也全詩集』角川ソフィア文庫、二〇〇七年
・中原中也『汚れつちまつた悲しみに……』集英社文庫、一九九一年

第4章

矢内原伊作（やないはら・いさく）

一九一八―一九八九年。哲学者、評論家。経済学者の矢内原忠雄を父にもつ。サルトルやカミュなどの実存哲学を研究・紹介する一方、芸術・文芸批評においても多くの功績を遺した。彫刻家、ジャコメッティのモデルをつとめるためにパリですごす。一九五六年以降、五回にわたって渡仏し、彫刻家、ジャコメッティのモデルをつとめる。著書に『顔について』『海について』『サルトル』『若き日の日記』などがある。

◎矢内原伊作『ジャコメッティとともに』筑摩書房、一九六九年（のち一九九六年に『ジャコメッティ』のタイトルでみすず書房より再刊）
・アルチュール・ランボー『地獄の季節』小林秀雄訳、岩波文庫、一九七〇年
・アルベール・カミュ『異邦人』窪田啓作訳、新潮文庫、一九六三年
・宮川淳『鏡・空間・イマージュ』美術出版社、一九六七年
・『カフカ全集』第3～5巻、第8～9巻、新潮社、一九五九、一九八一年
・パウル・クレー『クレーの日記』ヴォルフガング・ケルステン編、高橋文子訳、みすず書房、二〇〇九年

間奏曲1

◎桐光学園＋ちくまプリマー新書編集部編『何のために「学ぶ」のか』「中学生からの大学講義1」ちくまプリマー新書、二〇一五年

第5章

ヴィクトール・E・フランクル　Viktor Emil Frankl

一九〇五―一九九七年。オーストリアの精神医学者。人が自らの「生の意味」を見出す手助けをし、そのことによって精神疾患を癒すロゴセラピーの理論を創始した。第二次世界大戦中にユダヤ人としてナチスの強制収容所に収容さ

れたときの体験を記した『夜と霧』によりもっとも広く知られるが、その他に『精神医学的人間像』『それでも人生にイエスと言う』『意味への意志』『苦悩する人間』など多くの著書を残す。

◎ヴィクトール・E・フランクル『夜と霧』新版、池田香代子訳、みすず書房、二〇〇二年
・V・E・フランクル『夜と霧』霜山徳爾訳、みすず書房、一九八五年
・V・E・フランクル『それでも人生にイエスと言う』山田邦男・松田美佳訳、春秋社、一九九三年

第6章

村上春樹（むらかみ・はるき）
一九四九年生まれ。現代日本を代表する小説家。『ノルウェイの森』は一九八七年の刊行から一年で二七〇万部を売り上げる大ベストセラーとなる。その他、代表作は『1Q84』、『世界の終りとハードボイルド・ワンダーランド』『海辺のカフカ』『ダンス・ダンス・ダンス』など。二〇一七年に刊行された『騎士団長殺し』は第一部、第二部合わせて一三〇万部という異例の初版部数となり、話題となった。

◎村上春樹『ノルウェイの森』上・下、講談社文庫、二〇〇四年

第7章

ダニエル・バレンボイム　Daniel Barenboim

一九四二年生まれ。アルゼンチン出身で、現在はイスラエル国籍のピアニストにして、現代を代表する指揮者。幼い頃より天才ピアニストとして知られ、七歳でコンサートデビュー。その後世界でピアノ演奏をするようになるが、一九六六年に指揮者としてもデビューし、パリ管弦楽団音楽監督やシカゴ交響楽団音楽監督、ベルリン国立歌劇場音楽監督などを歴任。ベルリン・フィルハーモニー管弦楽団の「名誉指揮者」の称号をもつ。

エドワード・サイード　Edward Said

一九三五―二〇〇三年。英文学、比較文学者。イギリス統治時代のエルサレムに生まれたパレスチナ人で、のちにアメリカに帰化する。フーコー、デリダ、ドゥルーズなどの影響のもと批評活動を展開し、ヨーロッパ中心主義をあぶりだした『オリエンタリズム』により世界的に知られるようになる。その他の主著に『パレスチナ問題』『パレスチナとは何か』『知識人とは何か』『ペンと剣』など多数。

◎ A・グゼリミアン『バレンボイム／サイード　音楽と社会』中野真紀子訳、みすず書房、二〇〇四年

・吉本隆明『改訂新版　共同幻想論』角川ソフィア文庫、一九八二年

・エドワード・W・サイード『晩年のスタイル』大橋洋一訳、岩波書店、二〇〇七年

第8章

スティーヴン・ホーキング　Stephen Hawking

一九四二―二〇一八年。イギリスの天才物理学者。筋萎縮性側索硬化症という難病をわずらって車いす生活となり、一九八五年に肺炎により気管切開手術を受けてから話をすることもできなくなるが、それでも常に精力的な講演や執筆活動を続けた。一九八八年に発表した『ホーキング、宇宙を語る』は世界的ベストセラーとなり、名声を不動のものとした。他の著書に『ホーキング、未来を語る』『ビッグ・クエスチョン』など。

◎スティーヴン・ホーキング『ホーキング、未来を語る』佐藤勝彦訳、SB文庫、二〇〇六年

○吉田武『虚数の情緒　中学生からの全方位独学法』東海大学出版会、二〇〇〇年

・スティーヴン・W・ホーキング『ホーキング、宇宙を語る』林一訳、ハヤカワ文庫、一九九五年

・スティーヴン・ホーキング『ビッグ・クエスチョン』青木薫訳、NHK出版、二〇一九年

第9章

アーシュラ・K・ル＝グウィン　Ursula K. Le Guin

一九二九―二〇一八年。アメリカの小説家。ベストセラーとなった「ゲド戦記」シリーズ（全五巻＋外伝）によりファンタジーを中心とした児童文学作家としての定評が高く、のちのファンタジー界に絶大な影響を与えたが、同時にSF作家としても活躍し、数々の文学賞に輝く。他の著書に『闇の左手』『風の十二方位』『言の葉の樹』など多数。

◎アーシュラ・K・ル＝グウィン『影との戦い――ゲド戦記〈1〉』清水真砂子訳、岩波少年文庫、二〇〇九年
◎アーシュラ・K・ル＝グウィン『こわれた腕環――ゲド戦記〈2〉』清水真砂子訳、岩波少年文庫、二〇〇九年
◎アーシュラ・K・ル＝グウィン『さいはての島へ――ゲド戦記〈3〉』清水真砂子訳、岩波少年文庫、二〇〇九年
◎アーシュラ・K・ル＝グウィン『帰還――ゲド戦記〈4〉』清水真砂子訳、岩波少年文庫、二〇〇九年
◎アーシュラ・K・ル＝グウィン『ドラゴンフライ アースシーの五つの物語――ゲド戦記〈5〉』清水真砂子訳、岩波少年文庫、二〇〇九年
◎アーシュラ・K・ル＝グウィン『アースシーの風――ゲド戦記〈6〉』清水真砂子訳、岩波少年文庫、二〇〇九年
○アーシュラ・K・ル＝グウィン『ファンタジーと言葉』青木由紀子訳、岩波現代文庫、二〇一五年

第10章

檀一雄（だん・かずお）

一九一二―一九七六年。小説家。処女作『此家の性格』が認められて、太宰治や坂口安吾らと交流。佐藤春夫に師事する。放浪の生涯、自由な作風で知られたが、旅や食をテーマにした作品も多く残した。一九五〇年『長恨歌』『真説石川五右衛門』で第二四回直木賞受賞。著書はほかに、『リツ子・その愛』『リツ子・その死』『火宅の人』など多数。

◎檀一雄『檀流クッキング』中公文庫BIBLIO、二〇〇二年
○武満徹『サイレント・ガーデン』新潮社、一九九九年
・辻邦生『背教者ユリアヌス』一―四巻、中公文庫、二〇一七―二〇一八年

*

著者による本

・小林康夫『思考の天球』水声社、一九九八年
・小林康夫『知のオデュッセイア』東京大学出版会、二〇〇九年
・川本皓嗣・小林康夫編『文学の方法』東京大学出版会、二〇一〇年
・小林康夫『君自身の哲学へ』大和書房、二〇一五年
・小林康夫『絵画の冒険』東京大学出版会、二〇一六年
・小林康夫・中島隆博『日本を解き放つ』東京大学出版会、二〇一九年

ここには、本書で言及したわたし自身の著書をあげさせてもらいました。万一このなかから、本書の「続編」にあたる本をあげるとするなら、それは、タイトルからもわかるように、『君自身の哲学へ』となると思います。実際、この本もまた、村上春樹『ねじまき鳥クロニクル』、安部公房『砂の女』、グレゴリー・ベイトソン『精神と自然』、キューブラー＝ロス『人生は廻る輪のように』、シモーヌ・ヴェイユ『重力と恩寵』、カフカ「法の前」、オウィディウス『変身物語』、『マハーバーラタ』、ミルチャ・エリアーデ『迷宮の試煉』、グスタフ・ヤノーホ『カフカとの対話』……など一〇冊あまりの本に触れながら、わたし自身の「フィロソフィア（哲学）」がどのように形作られていくかが、本書と同じ文体で、語られているからです。

chikuma primer shinsho

ちくまプリマー新書339

若《わか》い人《ひと》のための10冊《さつ》の本《ほん》

二〇一九年十二月十日　初版第一刷発行

著者　小林康夫（こばやし・やすお）

装幀　クラフト・エヴィング商會

発行者　喜入冬子

発行所　株式会社筑摩書房
東京都台東区蔵前二-五-三　〒一一一-八七五五
電話番号　〇三-五六八七-二六〇一（代表）

印刷・製本　株式会社精興社

ISBN978-4-480-68365-6 C0200　Printed in Japan